示范校重点专业建设成果教材
职业教育技能型实用人才培养系列规划教材

新能源客车发动机构造与维修

XINNENGYUAN KECHE FADONGJI

GOUZAO YU WEIXIU

主　编　李小燕　汪　亮
副主编　罗宏亮　谢文静

西南交通大学出版社
·成　都·

图书在版编目（CIP）数据

新能源客车发动机构造与维修 / 李小燕，汪亮主编. —成都：西南交通大学出版社，2018.9
示范校重点专业建设成果教材　职业教育技能型实用人才培养系列规划教材
ISBN 978-7-5643-6448-9

Ⅰ. ①新… Ⅱ. ①李… ②汪… Ⅲ. ①新能源 – 汽车 – 发动机 – 构造 – 职业教育 – 教材②新能源 – 汽车 – 发动机 – 车辆修理 – 职业教育 – 教材　Ⅳ. ①U472.43

中国版本图书馆 CIP 数据核字（2018）第 218104 号

示范校重点专业建设成果教材
职业教育技能型实用人才培养系列规划教材

新能源客车发动机构造与维修

主编	李小燕　汪　亮
责任编辑	罗在伟
封面设计	何东琳设计工作室
出版发行	西南交通大学出版社 （四川省成都市二环路北一段 111 号 西南交通大学创新大厦 21 楼）
邮政编码	610031
发行部电话	028-87600564　028-87600533
网址	http://www.xnjdcbs.com
印刷	四川煤田地质制图印刷厂
成品尺寸	185 mm×260 mm
印张	12.75
字数	269 千
版次	2018 年 9 月第 1 版
印次	2018 年 9 月第 1 次
定价	48.00 元
书号	ISBN 978-7-5643-6448-9

课件咨询电话：028-87600533
图书如有印装质量问题　本社负责退换
版权所有　盗版必究　举报电话：028-87600562

市级中职示范校重点专业建设教材编写委员会

主　任　李　灿　　彭　超

副主任　钟晓芬　　田跃红

委　员　（以姓氏拼音排序）

蔡　继	陈茂贤	蔡咏梅	邓文杰	戴　鑫	邓　宇
何　川	何加龙	何　鹏	黄永波	姜　雪	蒋　勇
匡　鹏	康元博	林　波	李　广	罗宏亮	刘　君
李进才	李施其	罗　潇	李小燕	李　怡	刘永平
彭月秋	庞远智	邱川鄂	任金花	冉原野	孙　静
苏　峻	孙纪胜	帅　林	涂　波	谭　忱	唐艳红
唐　炽	温承钦	吴　刚	王　焦	汪　亮	吴　鹏
王　谦	蔚衍娟	谢文静	夏晓波	肖应刚	杨昌玉
尹红安	袁　佳	杨　杰	杨炎锋	郑才敏	郑国秀
周海涛	赵甲进	张　余	张云川	张芸聆	周益权
张　睿					

总 序

近5年来，国家先后颁布了《国务院关于加快发展现代职业教育的决定》（国发〔2014〕19号）、《国家教育事业发展"十三五"规划》（国发〔2017〕4号）、《国务院办公厅关于深化产教融合的若干意见》（国办发〔2017〕95号），重庆市为贯彻落实国家颁布的相关政策文件，特制定了《重庆市人民政府关于加快发展现代职业教育的实施意见》（渝府发〔2015〕17号）等政策文件，大力推进职业教育改革发展。

为积极响应国家政策，更好地适应重庆经济转型和产业结构调整的需要，2014年，重庆市教委、市人力社保局、市财政局决定实施市级中等职业教育改革发展示范学校建设计划，2014—2016年，在全市范围内重点支持建设不超过30所市级中等职业教育改革发展示范学校。项目学校通过人才培养模式改革、专业课程体系建设、校企合作、师资队伍建设等，促进学校改革创新、内涵发展，成为全市中等职业学校改革创新的示范、提高质量的示范、办出特色的示范，在中等职业教育改革发展中发挥引领骨干和辐射作用，为经济社会发展培养高素质劳动者和高技能技术人才。

2016年8月，重庆市公共交通技工学校成功申报为市级中职示范校项目建设学校。经过两年的建设，在课程改革和教材建设上取得了可喜成绩，为进一步总结经验，固化成果，特组织骨干教师编写了20余门系列优质课程配套教材，并交由西南交通大学出版社审核出版。

本系列教材是在相关企业专家的悉心指导以及参与下完成的。教材以强化学生职业能力和培养综合素质为主线，以工作过程为导向，以典型工作任务和生产项目为载体，立足行业岗位要求，参照相关职业资格标准和行业技术标准，遵循中职学生成长规律、中职教育规律和行业生产规律进行开发建设。教材按照项目导向、任务驱动、模拟情境等教学模式要求，构建学习任务单元，注重学生可持续发展能力、创新能力、综合技术能力的培养，具有典型的工学结合特征。

本系列教材是重庆市公共交通技工学校不断深化教学改革的结果，更是市级中职示范校建设的一项重要成果，其中凝聚了各位编审人员的大量心血与智慧，也凝聚了众多行业专家的智慧。同时，在编写过程中得到了有关兄弟院校的大力支持，在此一并表示诚挚感谢！希望该系列教材的出版能有助于促进中职相关专业人才培养质量的提高，能为交通运输类职业院校的教材建设起到积极的引领和示范作用。本系列教材涉及专业面广，加之编者对现代职业教育理念的学习和认知仍需不断地改进和提高，书中难免存在不妥之处，恳请专家、同行不吝赐教，以促使我们不断提高教材编写的质量和水平。

李 灿

2018 年 5 月

前言 PREFACE

近年来，新能源汽车作为国家战略性新兴产业，伴随着国家政策及资金的鼓励扶持，得到了快速发展。而新能源客车作为新能源汽车的重要组成部分，其产量占比已占新能源汽车总量的 33%左右，从而使市场对新能源客车维修技术人员产生了大量需求。为满足新兴市场对维修人才的需求，突出职业教育特点，物化示范校建设成果，学校特组织相关人员编写本书。

本书以 CNG 新能源客车为基础，同时也涉及纯电动新能源客车部分内容。全书内容的组织注重以学生就业为导向，以培养能力为本位，满足道路运输企业对汽车维修技能紧缺人才的要求。各项目任务紧贴实际工作岗位，以任务为驱动、以教师为主导、以学生为主体，使学生逐渐建构探究、实践、思考、运用、解决问题的学习体系。让学生在不断积累理论知识和提升实践能力的同时，逐步完成从知识入门到技能掌握的转变，最终实现学生职业心理角色的转换。

本书主要包括 CNG 新能源客车发动机曲柄连杆机构的构造与维修、CNG 新能源客车发动机配气机构的构造与维修、CNG 新能源客车发动机燃料供给系的构造与维修、CNG 新能源客车发动机冷却系统的构造与维修、CNG 新能源客车发动机润滑系统的构造与维修。此外，为了提升学生认知，最后一个项目引入纯电动客车动力系统构造与维修，构成全书十六个典型工作任务。全书文字简练、图文并茂、形式生动，能有效激发学生的学习兴趣，提高学习效果。

本书可作为职业院校新能源汽车应用与维修专业的教学参考书，也可作为 CNG 新能源大客车维修从业人员、纯电动客车维修人员教学及自学教材。

本书由重庆市公共交通技工学校李小燕、汪亮担任主编，罗宏亮、谢文静担任副主编，田跃红担任主审。本书的编写还得到了重庆公共交通控股（集团）有限公司的大力支持，在此表示衷心感谢。

鉴于编者水平有限，书中难免有不妥之处，敬请广大学校师生提出宝贵意见和建议，以便再版时修订。

编 者
2018 年 5 月

目 录 CONTENTS

项目一　CNG 新能源客车发动机曲柄连杆机构的构造与维修 ⋯⋯⋯⋯⋯⋯⋯⋯ 1
　　任务一　CNG 新能源客车发动机总体结构认知 ⋯⋯⋯⋯⋯⋯⋯⋯⋯⋯⋯ 1
　　任务二　CNG 新能源客车发动机机体组构造与维修 ⋯⋯⋯⋯⋯⋯⋯⋯⋯ 12
　　任务三　CNG 新能源客车发动机活塞连杆组件的检查与更换 ⋯⋯⋯⋯⋯ 35
　　任务四　CNG 新能源客车发动机曲轴飞轮组构造与维修 ⋯⋯⋯⋯⋯⋯⋯ 49

项目二　CNG 新能源客车发动机配气机构的构造与维修 ⋯⋯⋯⋯⋯⋯⋯⋯⋯ 67
　　任务一　CNG 新能源客车发动机正时齿带的更换 ⋯⋯⋯⋯⋯⋯⋯⋯⋯⋯ 67
　　任务二　CNG 新能源客车发动机气门间隙的检查与调整 ⋯⋯⋯⋯⋯⋯⋯ 83

项目三　CNG 新能源客车发动机燃料供给系统的构造与维修 ⋯⋯⋯⋯⋯⋯⋯ 95
　　任务一　CNG 新能源客车发动机燃料供给系统认知 ⋯⋯⋯⋯⋯⋯⋯⋯⋯ 95
　　任务二　CNG 新能源客车发动机混合器膜片的更换 ⋯⋯⋯⋯⋯⋯⋯⋯ 105
　　任务三　CNG 新能源客车发动机燃料供给系统的使用和维护 ⋯⋯ 115

项目四　CNG 新能源客车发动机冷却系统的构造与维修 ⋯⋯⋯⋯⋯⋯⋯⋯ 124
　　任务一　CNG 新能源客车发动机冷却系统认知 ⋯⋯⋯⋯⋯⋯⋯⋯⋯⋯ 124
　　任务二　CNG 新能源客车发动机冷却液的检查与更换 ⋯⋯⋯⋯⋯⋯⋯ 132

项目五　CNG 新能源客车发动机润滑系统的构造与维修 ⋯⋯⋯⋯⋯⋯⋯⋯ 140
　　任务一　CNG 新能源客车发动机润滑系统认知 ⋯⋯⋯⋯⋯⋯⋯⋯⋯⋯ 140
　　任务二　CNG 新能源客车发动机机油的检查与更换 ⋯⋯⋯⋯⋯⋯⋯⋯ 150

项目六　纯电动客车动力系统构造与维修 ⋯⋯⋯⋯⋯⋯⋯⋯⋯⋯⋯⋯⋯⋯ 159
　　任务一　纯电动客车动力系统认知 ⋯⋯⋯⋯⋯⋯⋯⋯⋯⋯⋯⋯⋯⋯⋯ 159
　　任务二　纯电动客车动力电池组件的更换 ⋯⋯⋯⋯⋯⋯⋯⋯⋯⋯⋯⋯ 165
　　任务三　纯电动客车驱动电机的更换 ⋯⋯⋯⋯⋯⋯⋯⋯⋯⋯⋯⋯⋯⋯ 181

参考文献 ⋯⋯⋯⋯⋯⋯⋯⋯⋯⋯⋯⋯⋯⋯⋯⋯⋯⋯⋯⋯⋯⋯⋯⋯⋯⋯⋯⋯ 194

项目一

CNG 新能源客车发动机曲柄连杆机构的构造与维修

任务一　CNG 新能源客车发动机总体结构认知

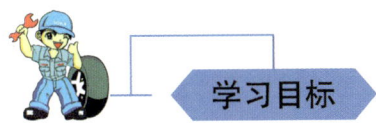

（1）了解 CNG 新能源客车发动机的总体结构。
（2）熟悉 CNG 新能源客车发动机的常用术语。
（3）掌握 CNG 新能源客车发动机的工作原理。

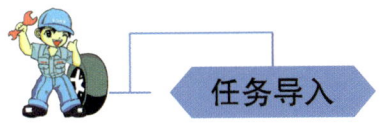

某修理厂承接了一辆 CNG 新能源客车的维修任务，此车的发动机要进行大修，要求对发动机进行全面检测与维修。要完成此任务，必须熟悉发动机的总体构造、各部件的安装位置，因此本任务要学习发动机的总体结构、作用及原理。

CNG（Compressed Natural Gas）汽车是指以压缩天然气替代常规汽油或柴油作为

燃料的汽车。其加充一次天然气可行驶 200 km 左右，特别适合公共汽车、市内的士、往返里程不超过 200 km 的中、大型客车。目前，国内外有天然气管网条件的地区均以发展 CNG 新能源汽车为主。CNG 汽车相比于传统燃料汽车，有如下显著特点：

1. 能大大降低大气污染

压缩天然气（CNG）汽车的排放污染大大低于以汽/柴油为燃料的汽车，且尾气中不含硫化物和铅等有害物。研究数据表明，CNG 汽车能有效降低一氧化碳排放量 80%，碳氢化合物排放量 60%，氮氧化合物排放量 70%。因此，许多国家已将发展压缩天然气（CNG）汽车作为一种减轻大气污染的重要手段。

2. 使用安全性更高

CNG 与汽/柴油相比，其燃点高，天然气燃点在 650 ℃ 以上，比汽/柴油燃点高出约 223 ℃；而其密度比汽/柴油低，与空气的相对密度为 0.48，泄漏气体很快在空气中散发，很难形成遇火燃烧的浓度。

3. 抗爆性能好

CNG 辛烷值可达 130，比目前汽/柴油辛烷值高得多，抗爆性能好。

4. 能有效提高经济效益

天然气的价格比汽油和柴油低，燃料费用一般节省 50% 左右，使营运成本大幅降低。而 CNG 发动机使用天然气做燃料，运行平稳、噪音低、不积炭，能延长发动机使用寿命，不需经常更换机油和火花塞，可有效节约维修费用。

但需要注意的是，CNG 发动机工作时，CNG 的释放过程是一个吸热过程。当压缩天然气从容器或管路中泄出时，泄孔周围会迅速形成一个低温区，使天然气燃烧困难，因此 CNG 汽车所用的配件比汽油车要求更高；而由于天然气本身的特性，CNG 汽车的动力性略有降低。与传统燃料汽车相比，其动力性略下降 5%～15%。

一、CNG 新能源客车发动机的总体构造

（一）CNG 新能源客车发动机的作用

无论是传统燃料发动机还是 CNG 发动机，其主要作用是相同的，都是汽车行驶的动力源，CNG 发动机的作用是将压缩天然气的化学能，通过燃烧转化为机械能，驱动车辆正常行驶。

汽车发动机大都采用热能动力装置，简称热机。热机有内燃机和外燃机两种，其中直接以燃料燃烧所生成的燃烧产物作工质的热机为内燃机，反之则为外燃机。内燃机与外燃机相比，具有结构紧凑、体积小、质量轻和容易起动等优点。因此，现代汽车发动机广泛使用往复活塞式内燃机。CNG 发动机也同样采用往复活塞式内燃机，如图 1-1-1 所示。

（二）CNG 新能源客车发动机总体结构组成

CNG 新能源客车发动机主要由曲柄连杆机构、配气机构、燃料供给系统、冷却系统、润滑系统、点火系统和起动系统等两大机构、五大系统组成，如图 1-1-2 所示。

图 1-1-1 CNG 新能源客车发动机

图 1-1-2 CNG 新能源客车发动机结构

1. 曲柄连杆机构

曲柄连杆机构是发动机借以产生动力，并将活塞的往复直线运动转变为曲轴的旋转运动而输出动力的机构。

曲柄连杆机构主要由机体组、活塞连杆组和曲轴飞轮组组成，如图 1-1-3 所示。机体组由气缸盖、气缸体、气缸垫、油底壳组成。活塞连杆组主要由活塞、活塞环、活塞销、连杆等组成。曲轴飞轮组主要由曲轴、飞轮等组成。

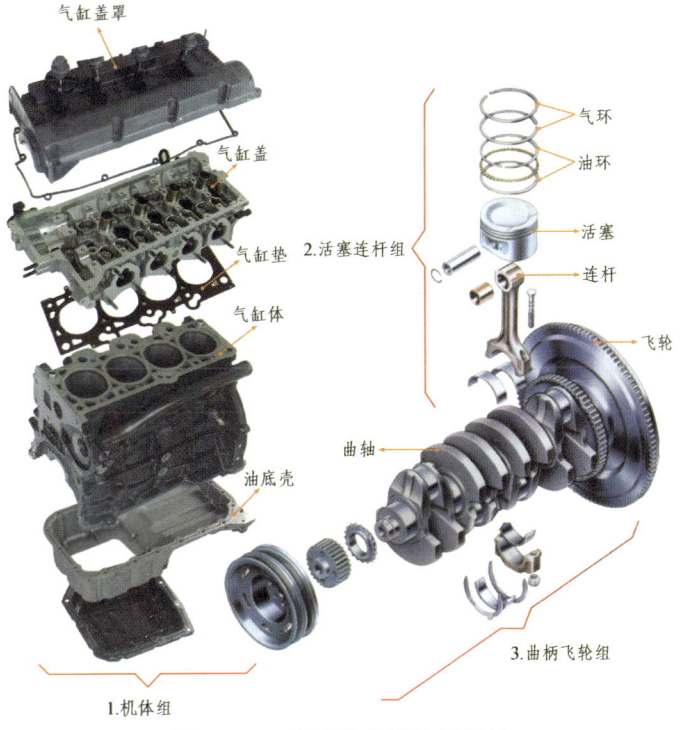
图 1-1-3 发动机曲柄连杆机构

2. 配气机构

配气机构的作用是根据发动机的工作需要，适时地打开进气门或排气门，使可燃混合气及时地充入气缸，或使废气及时地从气缸内排出；而在发动机不需要进气或排气时，则利用气门将进气通道或排气通道关闭，以保持气缸的密封。

配气机构主要由气门组和气门传动组组成，如图 1-1-4 所示。气门组由气门、气门座、气门导管、气门弹簧等组成；气门传动组由凸轮轴、正时齿轮、气门挺杆、气门推杆等组成。

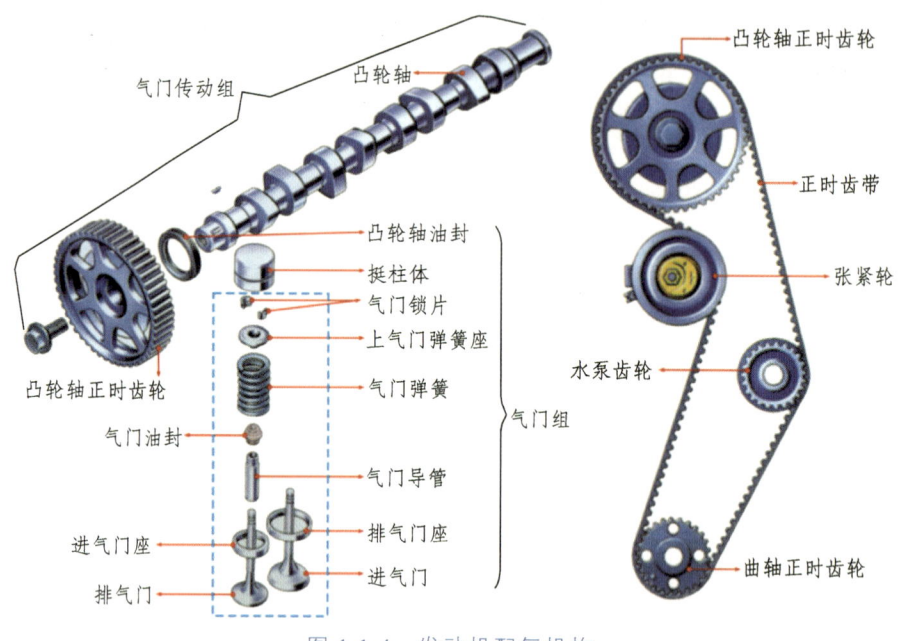

图 1-1-4　发动机配气机构

3. 燃料供给系统

CNG 新能源客车发动机燃料供给系统的作用是向气缸内供给已配好的可燃混合气（缸内喷射式发动机为空气），并控制进入气缸内的可燃混合气的量，以调节发动机的输出功率和转速，最后将燃烧后的废气排出气缸。

如图 1-1-5 所示，CNG 新能源客车发动机燃料供给系统由高压燃料切断阀、高压减压器、低压电磁阀、电控高压器（EPR 阀）、混合器和电子节气门等组成。

4. 冷却系统

冷却系统的作用是利用冷却介质冷却高温零件，并通过散热器将热量散发到大气中，以保证发动机在最适宜的温度范围内工作。

冷却系统根据其冷却介质有风冷却系统和水冷却系统两种形式，CNG 新能源客车发动机通常采用水冷式进行冷却。冷却系统主要由水泵、散热器（水箱）、风扇、节温器、水套等组成，如图 1-1-6 所示。

项目一　CNG新能源客车发动机曲柄连杆机构的构造与维修

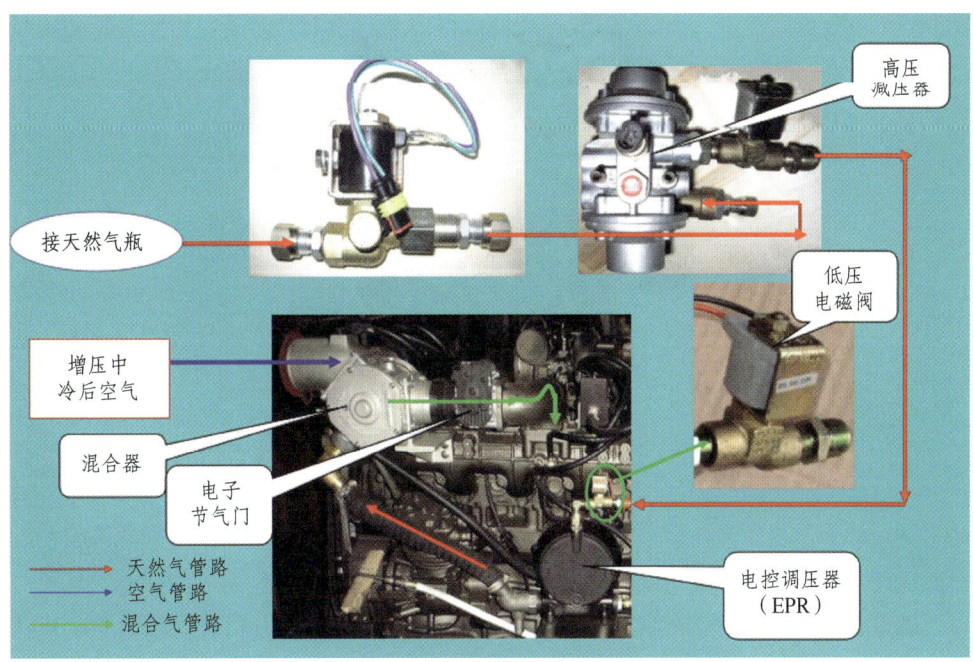

图 1-1-5　CNG新能源客车发动机燃料供给系统

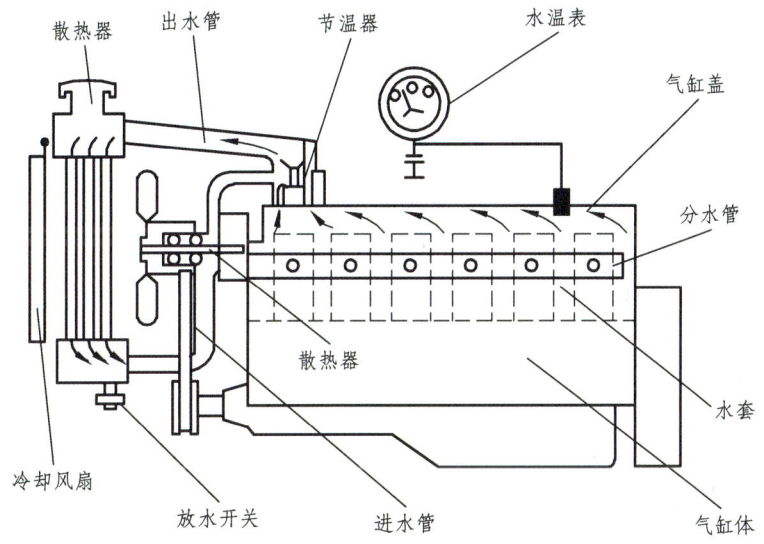

图 1-1-6　CNG新能源客车发动机冷却系统

5. 润滑系统

润滑系统的作用是将清洁的润滑油分送至各摩擦表面，以减小机械摩擦和磨损，并清洗、冷却发动机的摩擦表面，从而延长发动机的使用寿命。

发动机润滑系统主要由机油泵、机油滤清器、集滤器、限压阀、润滑油道、油底壳等组成，如图 1-1-7 所示。

图 1-1-7 CNG 新能源客车发动机润滑系统

6. 点火系统

天燃气由于燃点比汽/柴油更高，因此同样需要点火系统引燃可燃混合气。点火系统的作用是将汽车电源供给的低压电转变为高压电，并按照发动机的做功顺序与点火时间的要求，适时、准确地配送给各缸的火花塞，在其间隙处产生电火花，点燃气缸内的可燃混合气。

点火系统主要由电源（蓄电池和发电机）、点火开关、点火线圈、火花塞等组成，如图 1-1-8 所示。

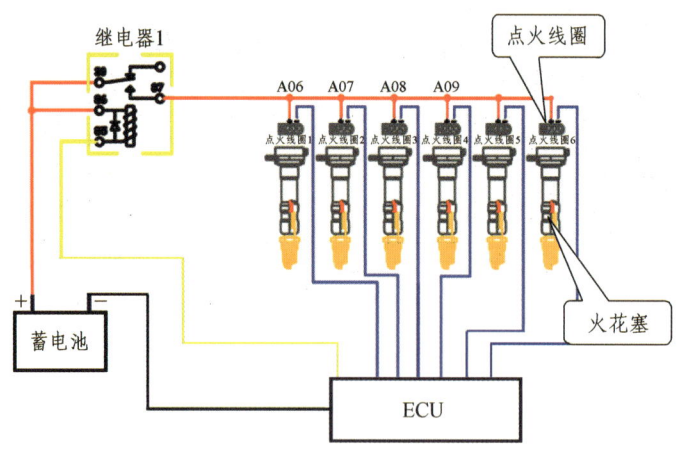

图 1-1-8 CNG 新能源客车发动机点火系统

7. 起动系统

发动机必须依靠外力带动曲轴旋转后，才能进入正常的工作状态，通常把汽车发动机在外力作用下，开始转动怠速运转的全过程，称为发动机的起动。起动系统是通过起动机将蓄电池的电能转换成机械能，起动发动机运转。

起动系统主要由起动机及其附属装置组成,如图 1-1-9 所示。

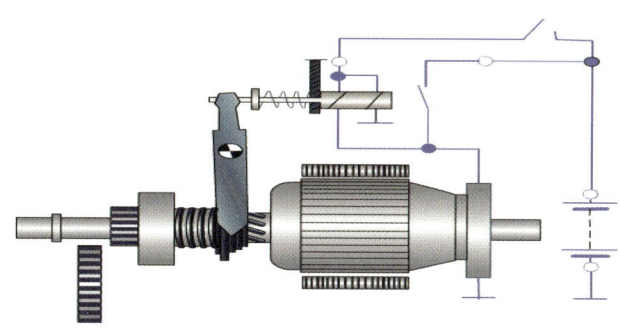

图 1-1-9　起动系统

二、CNG 新能源客车发动机的工作原理

(一)发动机基本术语

要学习掌握 CNG 新能源发动机知识,对其基本结构术语的理解是必不可少的,发动机的剖面结构及名称,如图 1-1-10 所示。

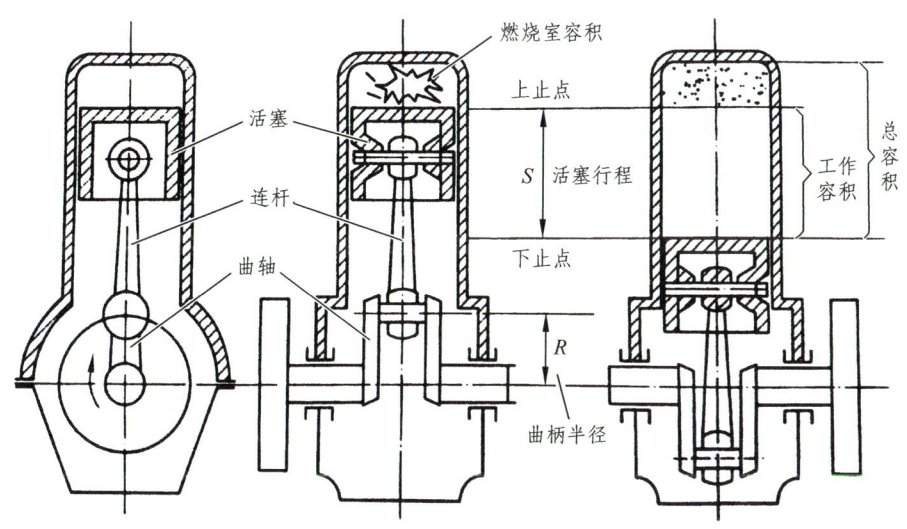

图 1-1-10　发动机的剖面结构及名称

1. 上止点

活塞在气缸内运动,其活塞顶部达到最高点处的位置,称为上止点,即活塞顶部距离曲轴回转中心最远处。

2. 下止点

活塞在气缸内运动,其活塞顶部达到最低点处的位置,称为下止点,即活塞顶部距离曲轴的回转中心最近处。

3. 活塞行程

活塞在气缸内运动其上下止点间的距离,称为活塞行程,用 S 表示。

4. 曲柄半径

曲轴与连杆下端的连接中心至曲轴回转中心的距离,称为曲柄半径,用 R 表示。活塞行程的大小取决于曲柄半径,其关系为:活塞行程 S 等于曲柄半径 R 的 2 倍,即 $S = 2R$。

5. 燃烧室容积

活塞在上止点时,活塞顶与气缸盖之间的容积,称为燃烧室容积,用 V_c 表示。

6. 气缸总容积

活塞在下止点时,活塞顶上方空间的容积,称为气缸总容积,用 V_a 表示。

7. 气缸工作容积

活塞从上止点移动到下止点或由下止点移动到上止点时活塞所扫过的空间容积,称为气缸工作容积,用 V_h 表示。

8. 压缩比

气缸总容积与燃烧室容积的比值,称为压缩比,用 ε 表示,$\varepsilon = V_a / V_c$。压缩比是表示气缸内气体被压缩程度的指标。压缩比越大,压缩终了时,气缸内的气体压力越大,温度越高。

9. 发动机排量

多缸机气缸工作容积之和称为排量,用 V_L 表示,$V_L = i \times V_h$,i 为气缸数。

10. 工作循环

发动机每一次进气、压缩、做功和排气四个连续过程,称为一个工作循环。

11. 二冲程内燃机

曲轴每转一圈完成一个工作循环的内燃机,称为二冲程内燃机。

12. 四冲程内燃机

曲轴每转两圈完成一个工作循环的内燃机,称为四冲程内燃机。

13. 工　况

内燃机在某一时刻所处的工作状况,称为工况,一般用内燃机的转速和负荷来表示。

(二) CNG 新能源客车发动机的工作原理

CNG 新能源客车发动机一个工作循环,活塞往复运行四个冲程,即进气行程、压缩行程、做功行程和排气行程,如图 1-1-11 所示。

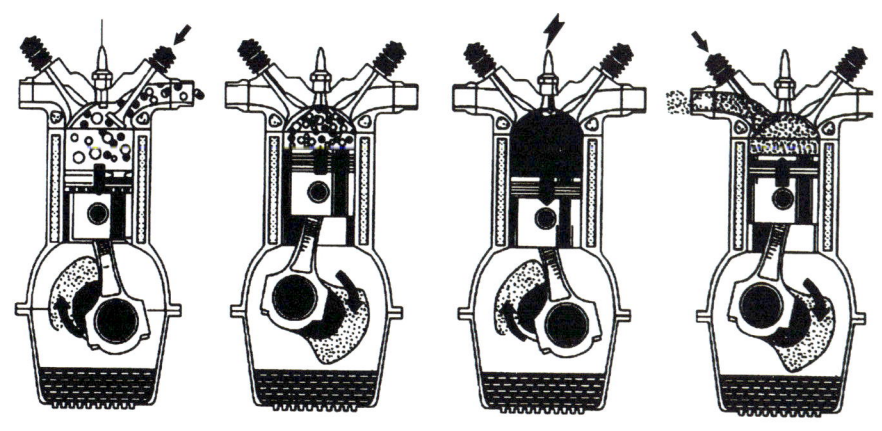

（a）进气行程　　（b）压缩行程　　（c）做功行程　　（d）排气行程

图 1-1-11　四冲程 CNG 新能源客车发动机工作原理

1. 进气行程

在进气行程中，活塞在曲轴和连杆的带动下由上止点向下止点运行，这时进气门开启，排气门关闭。在活塞由上止点向下止点运动的过程中，由于活塞上方气缸容积逐渐增大，形成一定的真空度。这样，可燃混合气通过进气门被吸入气缸，直到活塞到达下止点时，进气行程结束，如图 1-1-11（a）所示。

2. 压缩行程

活塞在曲轴和连杆的带动下由下止点向上止点运动，此时进排气门处于关闭状态。由于活塞上方气缸容积逐渐减小，进入气缸内的可燃混合气被压缩，温度和压力不断升高，直到活塞到达上止点时，压缩行程结束，如图 1-1-11（b）所示。

3. 做功行程

当活塞运动到接近压缩行程上止点附近时，火花塞跳火点燃气缸内的可燃混合气。这时，由于进气门和排气门均处于关闭状态，使缸内气体温度和压力同时升高，高温高压的气体膨胀，推动活塞由上止点向下止点运动，并通过连杆带动曲轴旋转输出机械能，直到活塞到达下止点时，做功行程结束，如图 1-1-11（c）所示。

4. 排气行程

在做功行程结束后，气缸内的可燃混合气通过燃烧转变为废气。此时排气门开启，进气门处于关闭状态，活塞在曲轴和连杆的带动下由下止点向上止点运动，气缸内的废气经排气门排出，直到活塞到达上止点时，排气行程结束，如图 1-1-11（d）所示。

排气行程结束后，进气门再次开启，又开始下一个工作循环。如此周而复始，发动机就连续运转。持续对车辆提供机械能。发动机工作时，需要连续不断地进行循环，在每个循环中都是依次完成进气、压缩、做功、排气四个活塞行程。

由以上 CNG 新能源客车发动机工作原理可知，其工作循环具有以下特点：

（1）每完成一个工作循环曲轴旋转两圈（720°），每行程曲轴旋转半圈（180°）。

进气行程中进气门开启，排气门关闭；排气行程中排气门开启，进气门关闭；其余两个行程进排气门均关闭。

（2）在四个活塞行程中，只有做功行程产生动力，其余三个活塞行程则是为做功行程作准备的辅助行程，都要消耗动力。虽然做功行程是主要的，但其他三个行程也是必不可少的。

（3）发动机起动时（第一个工作循环），必须借助外力带动曲轴旋转以完成进气、压缩行程，在混合气着火做功行程开始后，依靠曲轴和飞轮储存的能量，使发动机转入正常运转状态。

（三）多缸四冲程 CNG 新能源客车发动机工作特点

单缸四冲程发动机每个工作循环所经历的四个活塞行程中，只有做功行程为有效行程，其他三个行程为消耗机械功的辅助行程。这样，发动机曲轴在做功行程中转速快，在其他行程中转速慢。所以，一个工作循环中曲轴的转速是不均匀的。为了保证发动机运转平稳，现代很多发动机都采用多缸四冲程发动机，应用最多的是四缸、六缸和八缸发动机。

多缸四冲程发动机每个气缸所经历的工作循环与单缸四冲程发动机相同，但各缸的做功行程并非都同时进行，而是按一定的顺序进行。因此，对于多缸四冲程发动机来说，曲轴每转两周，各缸分别做功一次，且各缸做功间隔角（以曲轴转角表示）保持一致。对于缸数为 i 的四冲程直列式发动机而言，做功间隔角为 $720°/i$。气缸数越多，发动机工作越平稳。

（1）参照 CNG 新能源客车发动机实物，认识其两大机构、五大系统及各机构系统的组成部件，并明确各部件的安装位置。

机构系统	组成部件	功用
曲柄连杆机构		
配气机构		
燃料供给系统		
冷却系统		
润滑系统		
点火系统		
起动系统		

项目一　CNG新能源客车发动机曲柄连杆机构的构造与维修

（2）描述四冲程 CNG 新能源客车发动机的工作原理。

行　程	描　述
进气行程	
压缩行程	
做功行程	
排气行程	

CNG 新能源客车发动机总体认知记录表

车辆型号		学生姓名	
发动机型号		VIN 编号	

11

CNG新能源客车发动机总体认知评分表

考核项目	评分标准	分数	自评	互评	教师评价	小计
团队合作	是否协调	5				
活动参与	是否积极主动	5				
安全生产	有无安全隐患	10				
任务方案	是否正确、合理	15				
操作过程	是否规范、完整	40				
任务完成情况	是否圆满、完成	5				
工具和设备使用	是否规范、标准	10				
劳动纪律	是否严格遵守	5				
工单填写	是否完整、规范	5				
总分		100				

任务二　CNG新能源客车发动机机体组构造与维修

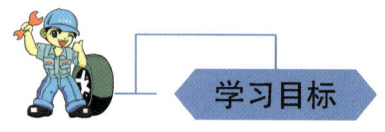

（1）了解机体组的结构。
（2）掌握气缸垫的更换技能。

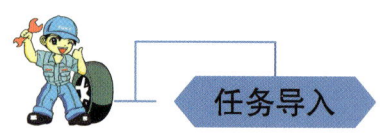

一辆CNG新能源客车，经过较长时间的运行，发动机出现动力严重不足的现象，检查发现气缸有漏气、漏水现象，经班组长诊断是气缸垫磨损严重，需对其进行更换。

项目一 CNG新能源客车发动机曲柄连杆机构的构造与维修

曲柄连杆机构是CNG新能源客车发动机将天然气热能转变为机械能的重要机构,其功用是将发动机活塞的往复运动转变为曲轴的旋转运动,把燃气作用在活塞顶面上的压力转变为曲轴的转矩,向外输出动力。曲柄连杆机构由机体组、活塞连杆组和曲轴飞轮组等组成。

机体组是发动机的骨架,承受各种载荷,机体组上安装着发动机所有的零部件。机体组主要由气缸体、曲轴箱、气缸盖和气缸垫等零件组成,如图1-2-1所示。

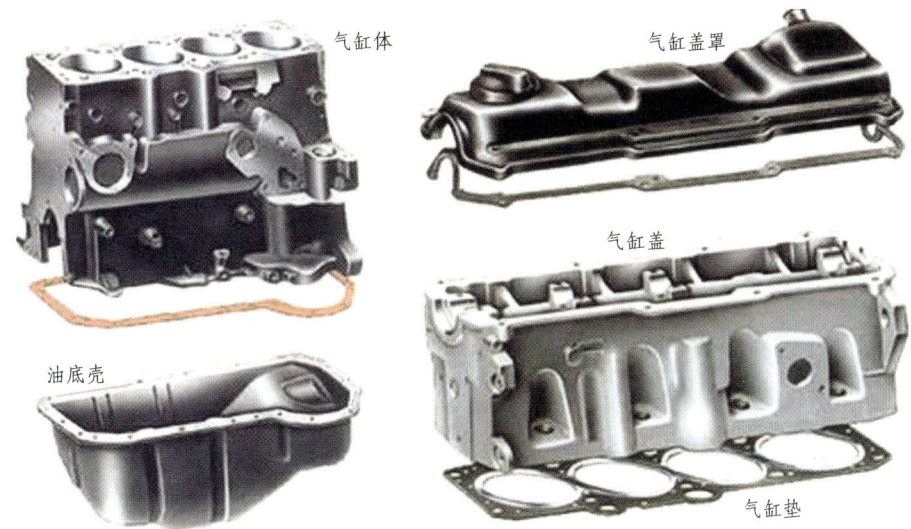

图1-2-1 发动机机体组

一、气缸体

气缸体一般由灰铸铁铸成,气缸体上部的圆柱形空腔称为气缸,下半部为支撑曲轴的曲轴箱,其内腔为曲轴运动空间。在气缸体内部铸有许多加强筋、冷却水套和润滑油道等,气缸体如图1-2-2所示。

气缸体应具有足够的强度和刚度,根据气缸体与油底壳安装平面的位置不同,可将整体式气缸体分为平分式、龙门式和隧道式3种,如图1-2-3所示。

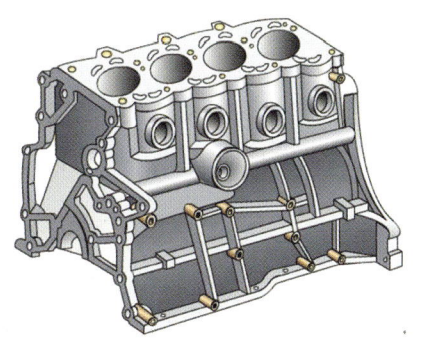

图1-2-2 气缸体

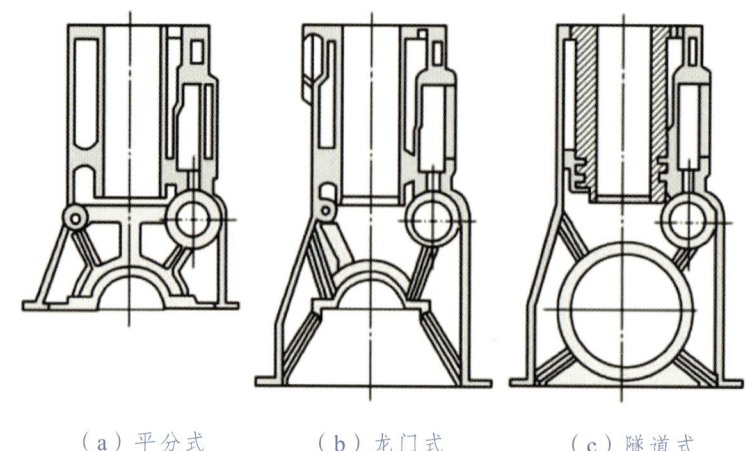

（a）平分式　　　（b）龙门式　　　（c）隧道式

图 1-2-3　发动机气缸体形式

气缸体按气缸排列形式可分为直列式、V 形式和水平对置式，如图 1-2-4 所示。

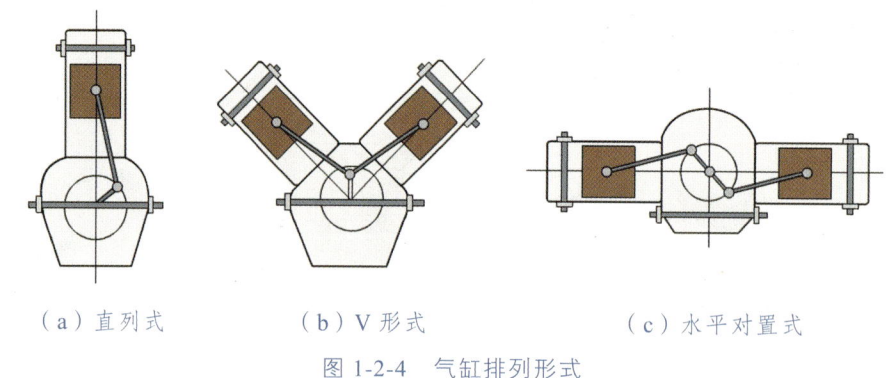

（a）直列式　　　（b）V 形式　　　（c）水平对置式

图 1-2-4　气缸排列形式

二、曲轴箱

曲轴箱位于气缸体的下部，用来安装曲轴。曲轴箱分为上曲轴箱和下曲轴箱。上曲轴箱与气缸体铸成一体，下曲轴箱用来储存润滑油，并封闭上曲轴箱，故称为油底壳。油底壳底部还装有放油螺塞，通常放油螺塞上装有永久磁铁，以吸附润滑油中的金属屑，减少发动机的磨损。在上下曲轴箱接合面之间装有衬垫，防止润滑油泄漏。

三、气缸盖

气缸盖的主要功用是封闭气缸上部，并与活塞顶部和气缸壁一起构成燃烧室，如图 1-2-5 所示。

项目一　CNG新能源客车发动机曲柄连杆机构的构造与维修

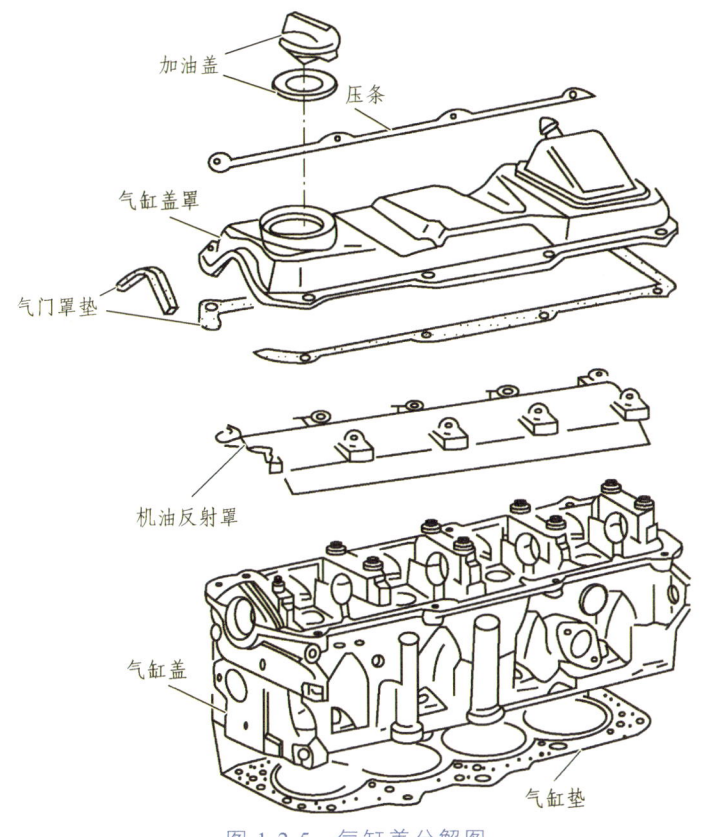

图 1-2-5　气缸盖分解图

气缸盖安装在气缸体的上面，它经常与高温高压燃气相接触，因此承受很大的热负荷和机械负荷。水冷发动机的气缸盖内部制有冷却水套，缸盖下端面的冷却水孔与缸体的冷却水孔相通。利用循环水来冷却燃烧室等高温部分。

气缸盖上还装有进、排气门座，气门导管孔，用于安装进排气门，还有进气通道和排气通道等。CNG发动机与汽油机的气缸盖上加工有用于安装火花塞的孔，而柴油机的气缸盖上加工有安装喷油器的孔。顶置凸轮轴式发动机的气缸盖上还加工有凸轮轴轴承孔，用以安装凸轮轴。

四、气缸垫

气缸体与气缸盖间装有气缸垫，气缸垫用于保证气缸体与气缸盖结合面间的密封，防止气体、冷却液和润滑油等的泄漏。气缸垫有金属-石棉气缸垫和纯金属等结构形式，如图1-2-6所示。

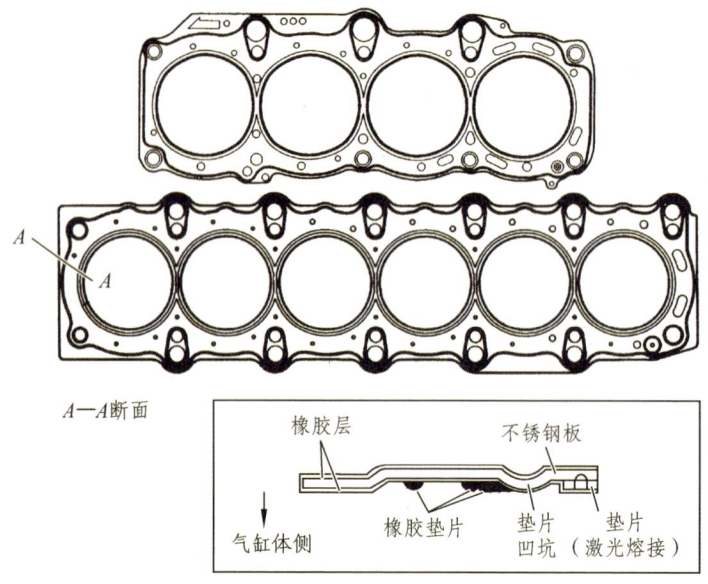

图 1-2-6 气缸垫

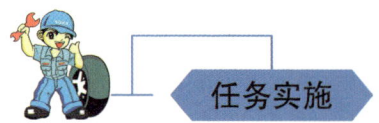

CNG 新能源客车气缸垫的更换

一、实训器材

1. 组合工具（见图 1-2-7）

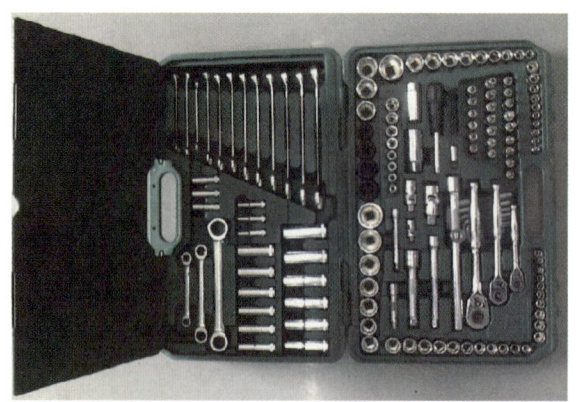

图 1-2-7 组合工具

2. 所需专用工具

（1）PT-0023 加长扳手（见图 1-2-8）。

（2）PT-0032 凸轮轴止动工具（见图 1-2-9）。

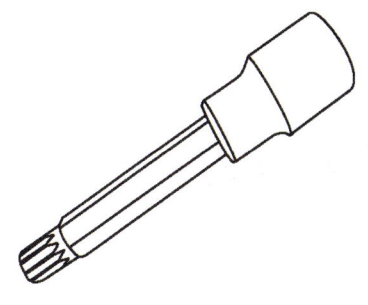
图 1-2-8　PT-0023 加长扳手

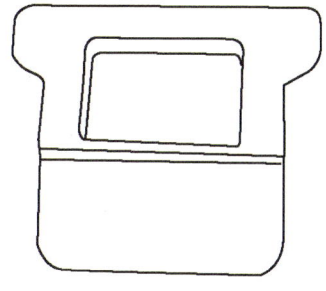
图 1-2-9　PT-0032 凸轮轴止动工具

3. 其他工具及器材

CNG 新能源客车一辆、举升机（见图 1-2-10）、扭力扳手、钳子、螺丝刀、冷却液收集容器、转向盘护套、变速杆手柄套、座位套、脚垫、翼子板和前格栅磁力护裙等。

图 1-2-10　举升机

二、准备工作

（1）车辆进入工位前，将工位清理干净，准备好相关的器材。

（2）将车辆停驻在举升机中央位置，如图 1-2-11 所示。

图 1-2-11　停放汽车

（3）拉紧驻车制动器操纵杆（见图 1-2-12 中红色箭头所指处），并将变速杆置于空挡位置。

（4）套上转向盘护套、变速杆手柄套和座位套，铺设脚垫，如图 1-2-13 所示。

图 1-2-12　拉紧驻车制动器操纵杆

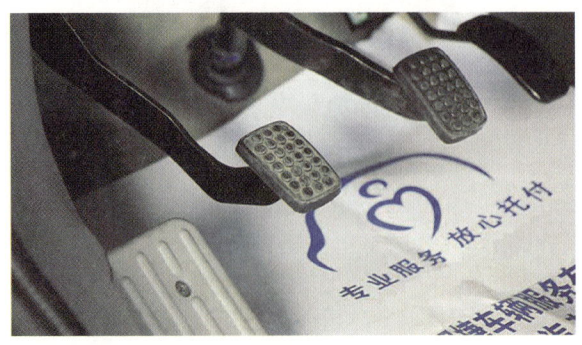

图 1-2-13　铺设脚垫

（5）在车内拉动发动机舱盖手柄，如图 1-2-14 所示。

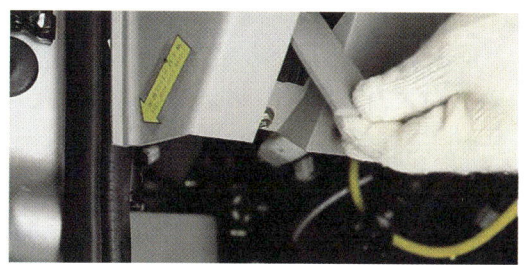

图 1-2-14　拉动发动机舱盖手柄

（6）在车外打开并支撑发动机舱盖，如图 1-2-15 所示。

图 1-2-15　打开支撑发动机舱盖

三、气缸垫的更换

1. 气缸垫的拆卸

（1）翻转驾驶员座椅和前乘客座椅。

（2）起动发动机。在发动机失速后，使发动机曲轴转动 10 s，以释放燃油系统中的燃油压力。

（3）拆卸换挡装置及驻车制动控制机构。

（4）断开蓄电池的搭铁线，拆卸点火高压线和火花塞，如图 1-2-16 所示。

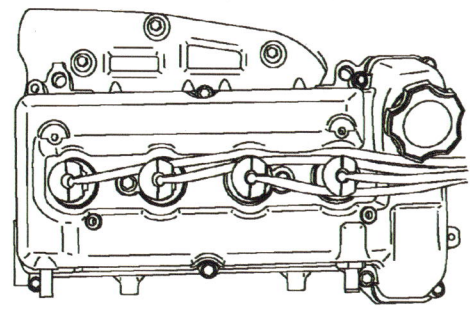

图 1-2-16　气缸垫的拆卸 1

（5）拆下发动机气缸盖罩总成。

① 从气缸盖罩总成上拧下机油加注口盖总成。

② 将曲轴箱通气管从气缸盖罩上取下。

③ 按图1-2-17所示的顺序拧松并取下气缸盖罩螺栓(含气缸盖罩螺栓垫圈总成)。

④ 拿开气缸盖罩总成和气缸盖罩密封垫。

6	10	11	7
3	2	1	4
5	9	12	8

图1-2-17　气缸垫的拆卸2

（6）拆下发电机支架、发电机、空调压缩机支架、空调压缩机及其V带。

（7）拆下前罩壳和正时链。

① 拆下机油尺总成，卸下机油尺导管。

② 拧开油底壳螺栓，卸下油底壳总成。

③ 如图1-2-18所示，拧开前罩壳上的紧固螺栓，拆下线夹、管夹和前罩壳总成。

图1-2-18　气缸垫的拆卸3

④ 如图1-2-19所示，转动曲轴，使曲轴正时链轮键槽处于与气缸体上的三角标记"△"对齐（1、4缸活塞处于上止点），正时链标记与凸轮轴链轮标记"0"对齐，否则容易使活塞触碰到气门，造成气门或活塞损坏。

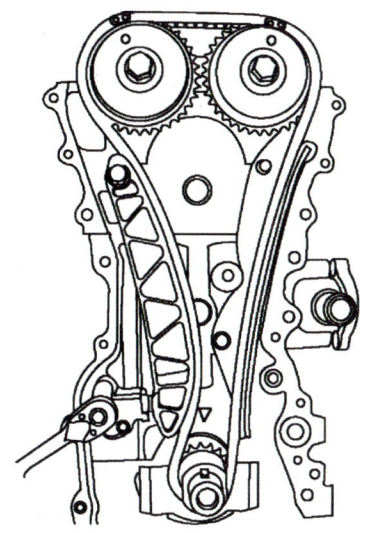

图 1-2-19　气缸垫的拆卸 4

⑤ 松开张紧器螺栓和链条减振器螺栓。
⑥ 拆下链条减振器、张紧器导板和张紧器总成。
⑦ 拆下正时链。

（8）如图 1-2-20 所示，拆下曲轴正时链轮，取下半圆键。

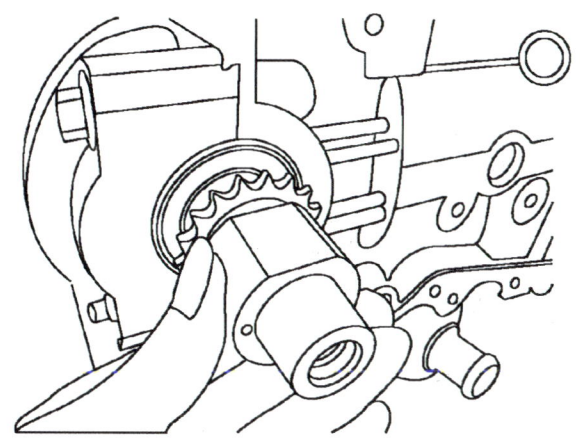

图 1-2-20　气缸垫的拆卸 5

（9）拆下凸轮轴正时链轮。

① 如图 1-2-21 所示，用专用工具 PT-0032 固定凸轮轴，拧下凸轮轴链轮螺栓组合件。注意：拧下凸轮轴链轮螺栓组合件时，凸轮轴不能有太大的转动，以免活塞触碰到气门。

② 拆下凸轮轴正时链轮。
③ 取下凸轮轴圆销。

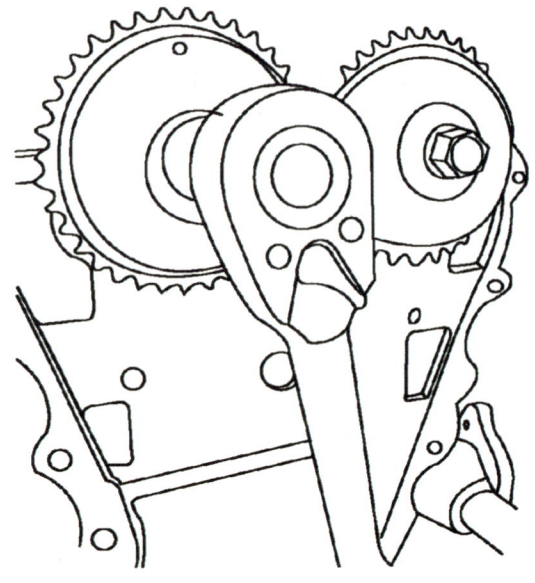

图 1-2-21 气缸垫的拆卸 6

（10）拆下进气歧管总成。

① 如图 1-2-22 所示，从节气门体上取下空气滤清器的波纹胶管。

② 拆下进气温度压力传感器插头、炭罐电磁阀插头、节气门位置传感器插头和怠速步进电机插头。

③ 拆下燃油分配管喷油器线束接头。

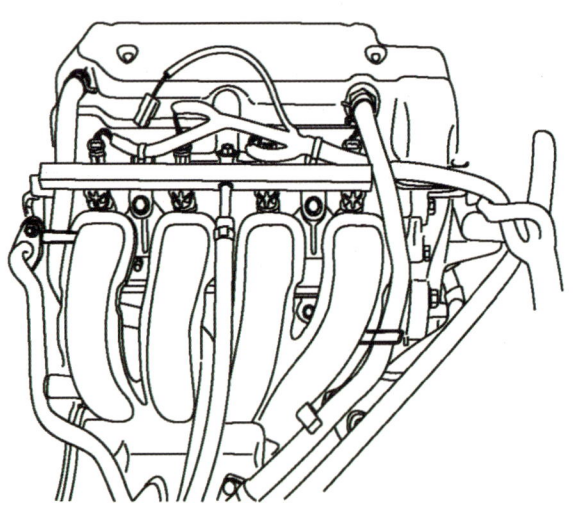

图 1-2-22 气缸垫的拆卸 7

④ 如图 1-2-23 所示，从节温器盖上拆下出水管，放尽冷却液。注意：拆卸出水管前，应先放空并收集好冷却液，防止冷却液流出污染环境。

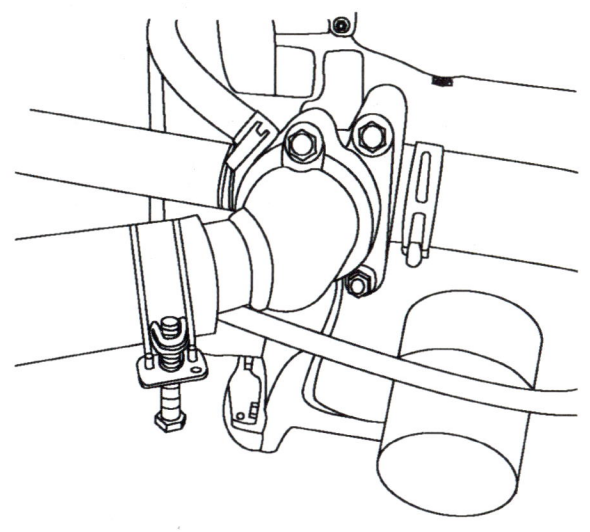

图 1-2-23　气缸垫的拆卸 8

⑤ 松开 PCV 阀通气管的夹箍，并拆下 PCV 阀通气管。

⑥ 拔下炭罐控制阀与炭罐连接的软管，如图 1-2-24 所示。

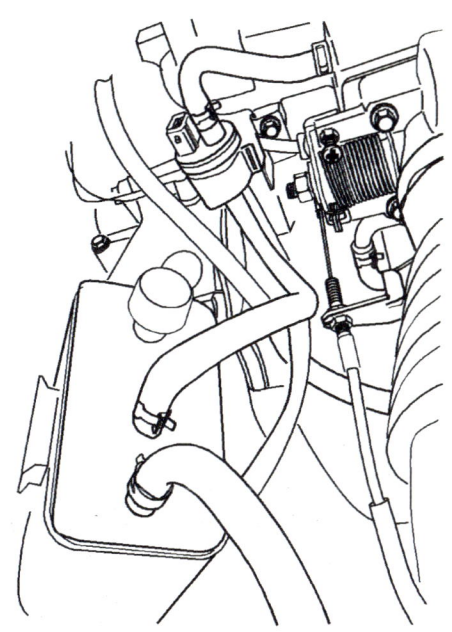

图 1-2-24　气缸垫的拆卸 9

⑦ 拔下炭罐控制阀与进气管连接的真空管，并拆下炭罐控制阀支架螺栓，取下炭罐控制阀支架和炭罐控制阀。

⑧ 松开并拆下加速踏板拉索。

⑨ 如图 1-2-25 所示，拔出节气门体总成同进气歧管连接的回水橡胶软管Ⅰ。

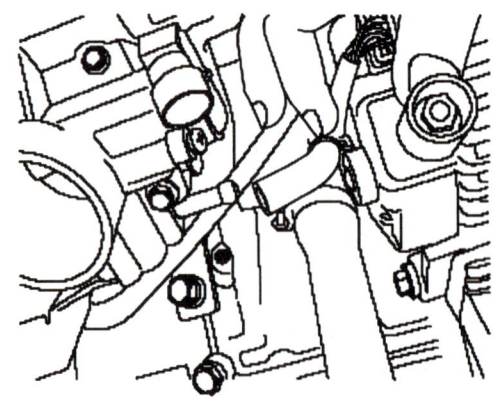

图 1-2-25　气缸垫的拆卸 10

⑩ 如图 1-2-26 所示，拔出节气门体总成与进水管连接的回水橡胶软管Ⅱ。

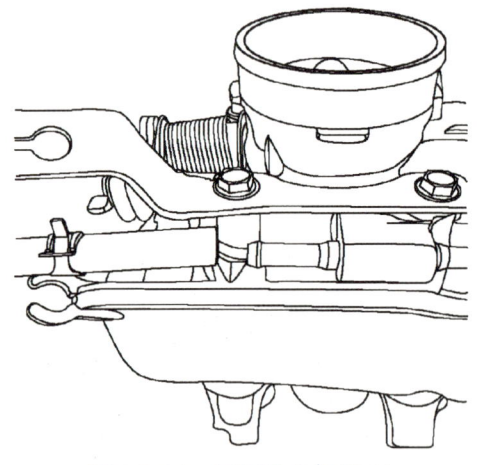

图 1-2-26　气缸垫的拆卸 11

⑪ 拆除线束与各喷油器的接插头。
⑫ 如图 1-2-27 所示，松开并拆下燃油分配管紧固螺栓，拆下燃油分配管总成。

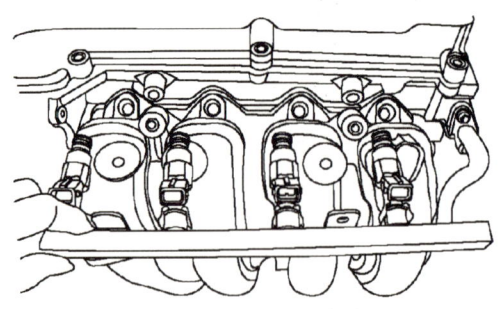

图 1-2-27　气缸垫的拆卸 12

⑬ 松开 EGR 管的紧固螺栓，拆下 EGR 管。
⑭ 如图 1-2-28 所示，松开并拆下节气门体的紧固螺栓，拆下节气门体总成及密封垫。

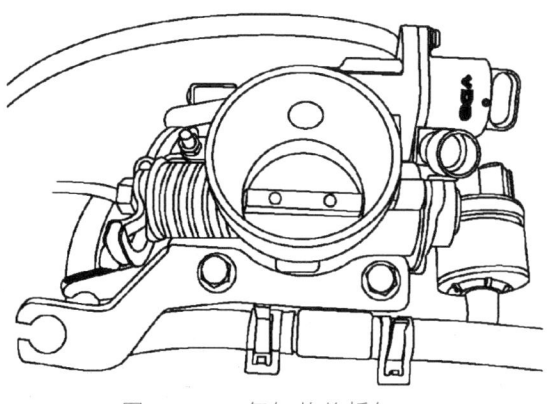

图 1-2-28 气缸垫的拆卸 13

⑮ 如图 1-2-29 所示，拆下真空助力接头和进气温度压力传感器。

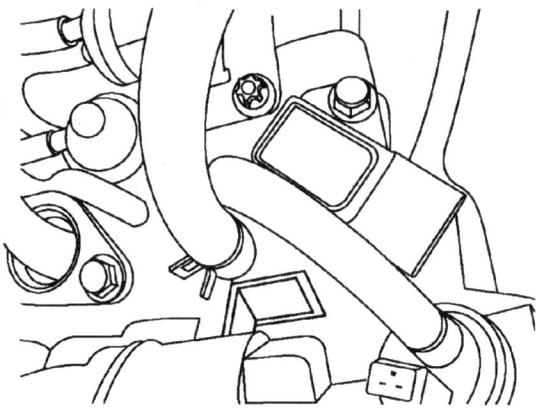

图 1-2-29 气缸垫的拆卸 14

⑯ 如图 1-2-30 所示，松开并拆下进气歧管支架与进气歧管的连接螺栓，松开进气歧管支架与左悬架支架的连接螺栓。

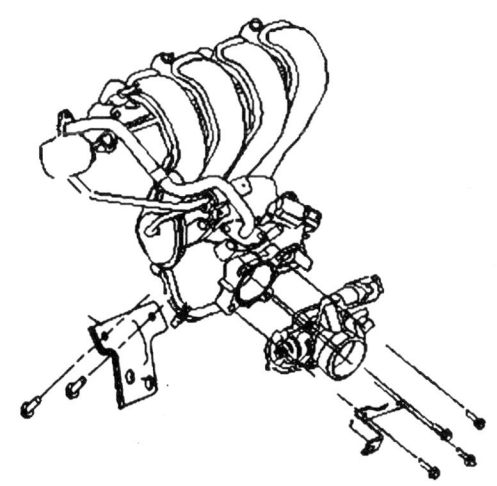

图 1-2-30 气缸垫的拆卸 15

⑰ 松开进气歧管螺栓、螺母，拆下螺栓螺母及吊钩和管夹，拆下进气歧管及进气歧管的密封垫。

（11）拆卸排气歧管总成。

① 将排气管从排气歧管上拆下。

② 如图 1-2-31 所示，松开并拆下排气歧管上的前氧传感器。

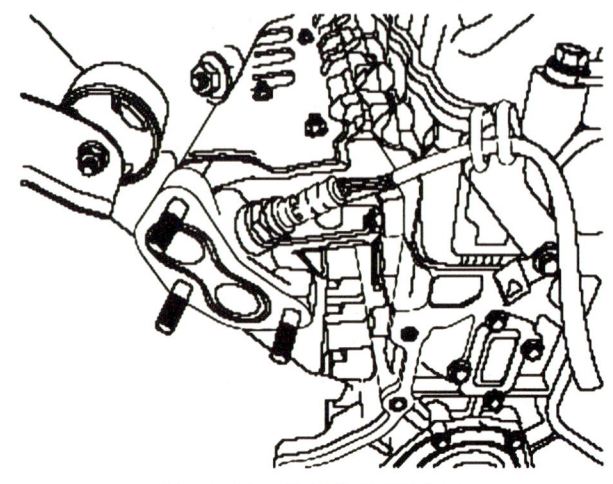

图 1-2-31　气缸垫的拆卸 16

③ 松开紧固螺栓，拆下 EGR 阀。

④ 松开冷却液温度传感器螺栓，拆下冷却液温度传感器。

⑤ 松开出水管座紧固螺栓及节温器紧固螺栓，拆下节温器总成及出水管总成。

⑥ 如图 1-2-32 所示，拆卸排气歧管隔热板螺栓。

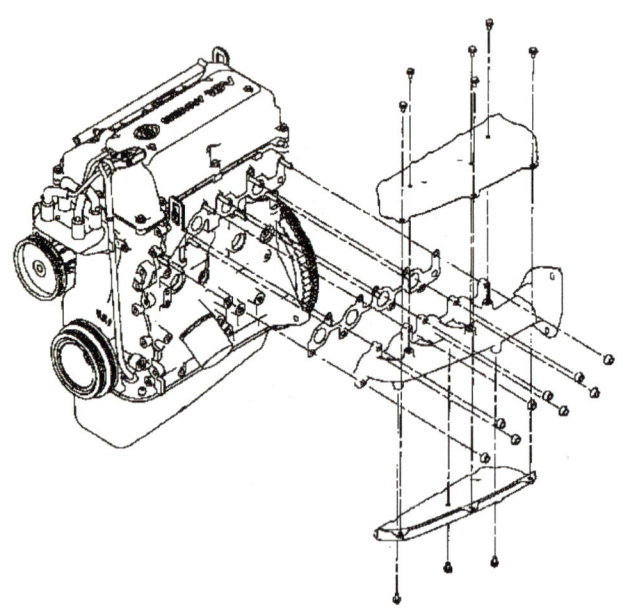

图 1-2-32　气缸垫的拆卸 17

⑦ 拆卸排气歧管隔热板。

⑧ 按图1-2-33所示的顺序，拆卸排气歧管的固定螺母。

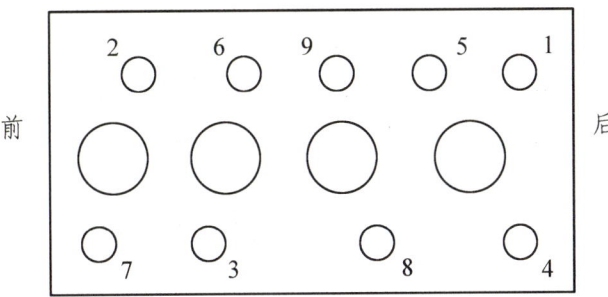

图1-2-33　气缸垫的拆卸18

⑨ 拆卸排气歧管，如图1-2-34所示。

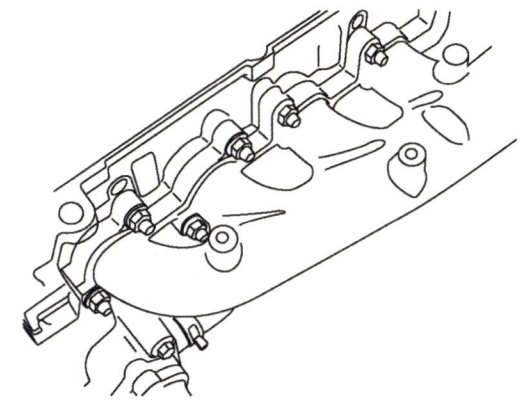

图1-2-34　气缸垫的拆卸19

⑩ 拆卸排气歧管的衬垫。

⑪ 清理排气歧管和气缸盖密封面。

（12）按图1-2-35所示的顺序，使用专用工具PT-0023松开并拆下气缸盖的连接螺栓。

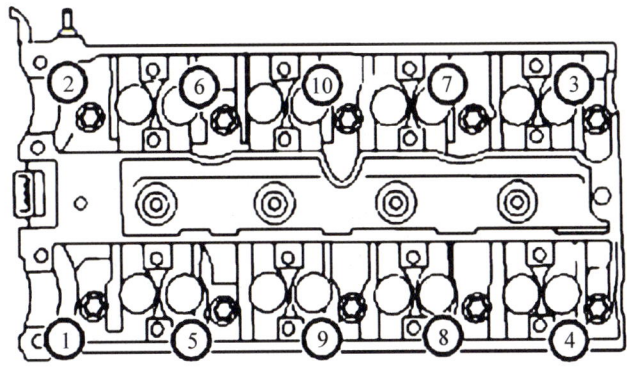

图1-2-35　气缸垫的拆卸20

（13）如图1-2-36所示，拆下气缸盖、气缸盖衬垫总成。

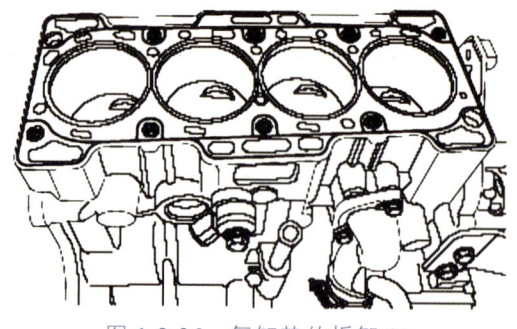

图1-2-36　气缸垫的拆卸21

注意：拆卸气缸盖时要极其小心，防止发动机机油、灰尘或冷却液进入发动机，否则可能损坏发动机。

2. 气缸垫的安装

（1）装好气缸盖定位销，并按记下的方向安装气缸垫总成。

（2）装上气缸盖，并用专用工具PT-0023按规定力矩和图1-2-37所示顺序分两次依次拧紧气缸盖连接螺栓，紧固气缸盖连接螺栓力矩至18~22 N·m。

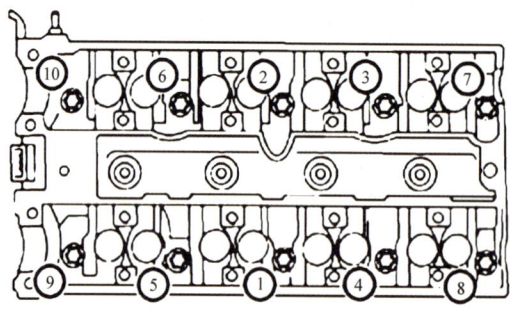

图1-2-37　气缸垫的安装1

（3）安装排气歧管及氧传感器。

① 安装排气歧管衬垫。

② 安装排气歧管，如图1-2-38所示。

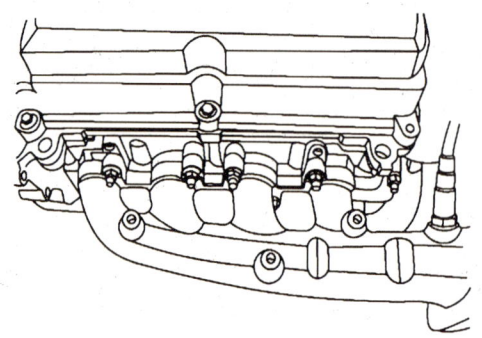

图1-2-38　气缸垫的安装2

③ 安装排气歧管固定螺母并按图 1-2-39 所示顺序紧固，紧固排气歧管的安装螺母力矩至 18～23 N·m。

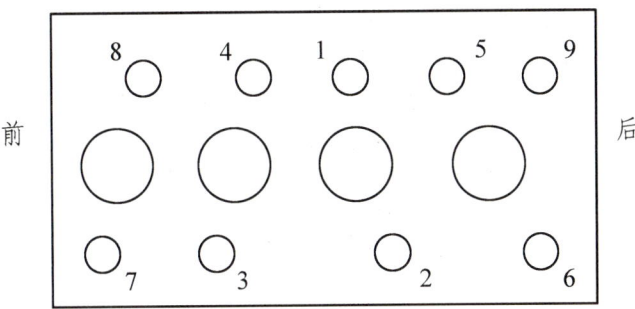

图 1-2-39　气缸垫的安装 3

④ 安装排气歧管隔热板。

⑤ 如图 1-2-40 所示，安装排气歧管隔热板螺栓，紧固排气歧管罩底盘和排气歧管内挡板总成的紧固螺栓和安装螺母力矩至 7～10 N·m。

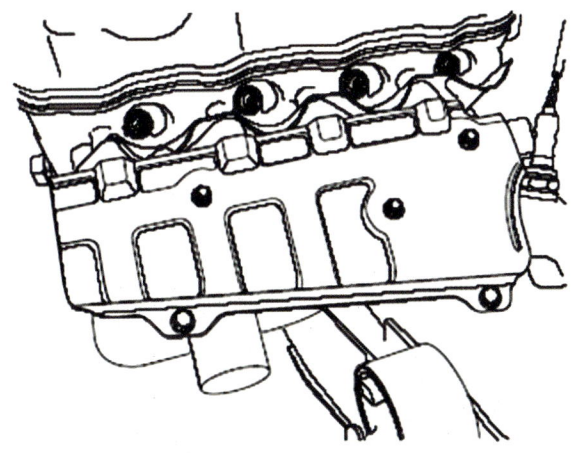

图 1-2-40　气缸垫的安装 4

⑥ 装上氧传感器（见图 1-2-31），拧紧力矩至 37～47 N·m。

⑦ 装上出水管总成，紧固出水管座螺栓力矩至 38～46 N·m，紧固出水管座螺母力矩至 38～46 N·m。

⑧ 装上节温器总成，紧固节温器螺栓力矩至 38～46 N·m。

⑨ 将排气管安装到排气歧管上。

（4）安装进气歧管及相关的线束插头。

① 取 4 片新的进气歧管密封垫，放在进气歧管与气缸盖之间。

② 如图 1-2-41 所示，将进气歧管放到气缸盖上，紧固进气歧管带肩螺栓力矩 8～12 N·m，紧固进气歧管带肩螺母力矩至 8～12 N·m。

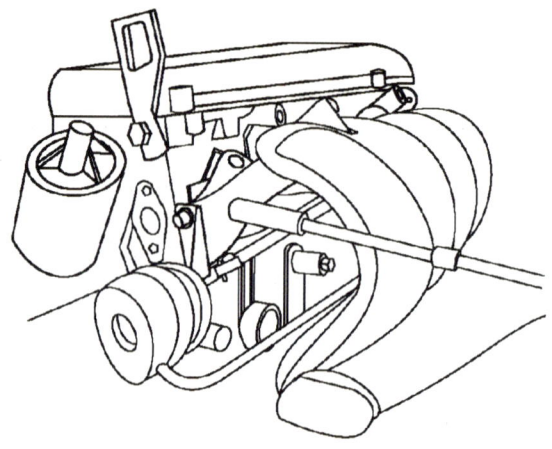

图 1-2-41 气缸垫的安装 5

③ 装上进气歧管支架与进气歧管的连接螺栓以及进气歧管支架与左悬架总成的连接螺栓,紧固进气歧管支架与进气歧管的连接螺栓力矩至 18~22 N·m,紧固进气歧管支架螺栓(连接缸体端)力矩至 20~22 N·m。

④ 装上 EGR 管,紧固 EGR 管与 EGR 的紧固螺栓力矩至 8~12 N·m,紧固 EGR 管与排气歧管的紧固螺栓力矩至 8~12 N·m。

⑤ 装上燃油分配管总成,紧固燃油分配管总成的紧固螺栓力矩至 8~12 N·m,如图 1-2-27 所示。

⑥ 安装进气温度压力传感器,紧固进气温度压力传感器的紧固螺栓力矩至 8~12 N·m,如图 1-2-42 所示。

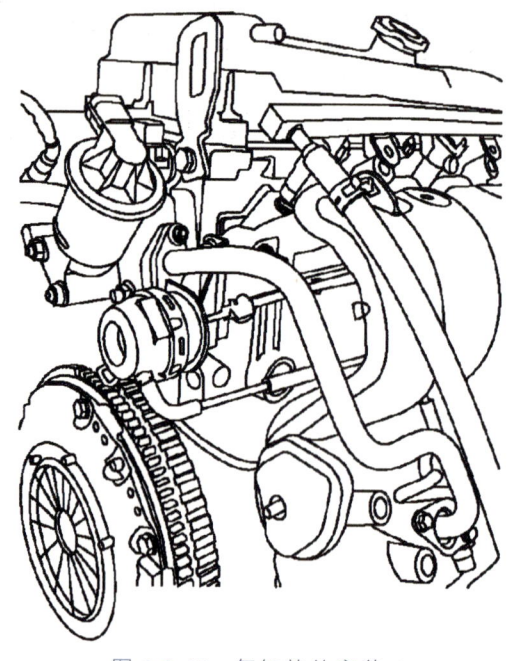

图 1-2-42 气缸垫的安装 6

⑦ 安装 PCV 阀和真空助力接头到进气歧管上，紧固 PCV 阀和真空助力接头力矩至 7~10 N·m。

⑧ 将节气门体总成和密封垫装到进歧气管上，紧固节气门体的紧固螺栓力矩至 18~22 N·m，如图 1-2-28 所示。

⑨ 装好炭罐控制阀。

⑩ 接上炭罐控制阀与进气管连接的真空管和夹箍，如图 1-2-24 所示。

⑪ 按对应的位置安装好 PCV 阀通气管。

⑫ 将回水橡胶软管 I 和 II 安装到节气门体总成上，如图 1-2-43 所示。

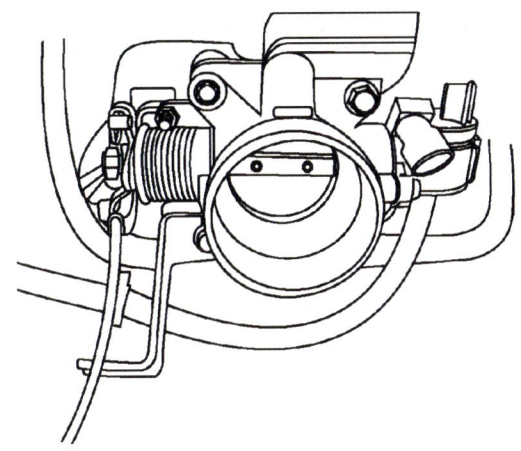

图 1-2-43　气缸垫的安装 7

⑬ 连接好炭罐电磁阀与炭罐连接的软管。

⑭ 将加速踏板拉索接到拉索支架上，并调整好拉索的松紧度。

⑮ 插上对应传感器（进气压力传感器、炭罐电磁阀、节气门位置传感器、怠速步进电机）的插头和燃油分配管喷油器线束接头。

⑯ 将暖风机水管接到进气歧管的小管上。

⑰ 连接好空气滤清器的波纹胶管，如图 1-2-44 所示。

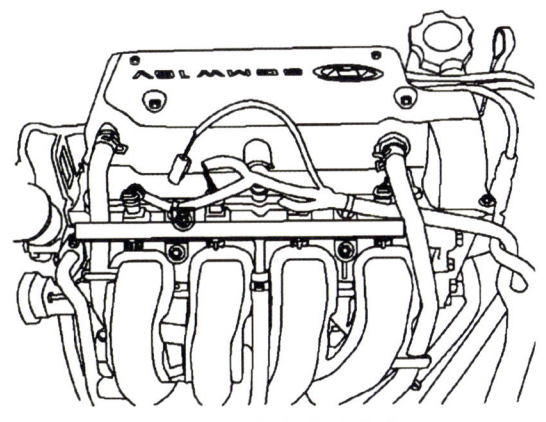

图 1-2-44　气缸垫的安装 8

（5）安装凸轮轴正时链轮。

① 将凸轮轴正时链轮安装到凸轮轴上。如图 1-2-45 所示，使齿轮带轮销孔对准圆销，且凸轮轴正时齿轮带轮上有圆点标记的一侧朝向发动机前侧。

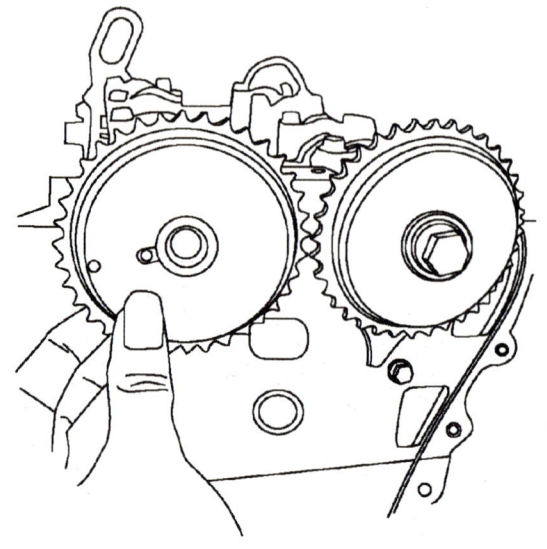

图 1-2-45　气缸垫的安装 9

② 安装凸轮轴链轮螺栓组合件时，注意用专用工具 PT-0032 进行止动，防止凸轮轴转动，并在装好正时链后，紧固凸轮轴螺栓组合件力矩至 18～22 N·m。

（6）安装曲轴正时链轮。将半圆键安装到曲轴的键槽内。将曲轴正时链轮挡片和曲轴正时链轮安装到曲轴上，使键槽对准半圆键，如图 1-2-20 所示。

（7）按要求装上正时链，并调整好正时及气门间隙。

① 安装张紧器总成、张紧器导板和消振带，按规定力矩拧紧螺栓，直至进气正时链导轨总成能徒手且很容易地移动为止。

② 小范围转动曲轴和凸轮轴，使凸轮轴正时链轮、曲轴正时链轮的标记与气缸体凸出的标记正对，如图 1-2-19 所示。

③ 装上正时链，使曲轴正时链轮和凸轮轴正时链轮之间的正时链完全无松动即可。

④ 安装好正时链后，为了张紧松弛的正时链，可顺时针方向转动曲轴两圈。当确定正时链无松弛后，拧紧调整螺栓力矩至 10～14 N·m。

⑤ 安装前罩壳总成（见图 1-2-18），并紧固螺栓力矩至 9～11 N·m。

⑥ 安装好油底壳总成。

⑦ 如图 1-2-46 所示，安装好机油尺导管总成及机油尺，紧固机油尺导管螺栓力矩至 8～12 N·m。

⑧ 安装好发电机支架、发电机、空调压缩机支架、空调压缩机及其 V 带。

（8）安装发动机气缸盖罩总成及相关的线夹。

① 如图 1-2-47 所示，将机油加注口盖总成安装到气缸盖罩上，并拧紧机油加注口盖总成。

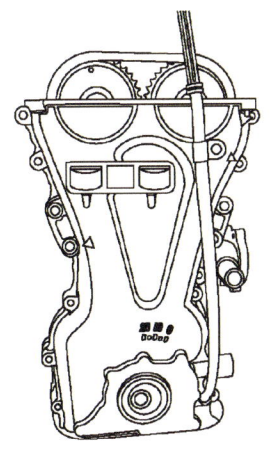

图 1-2-46 气缸垫的安装 10

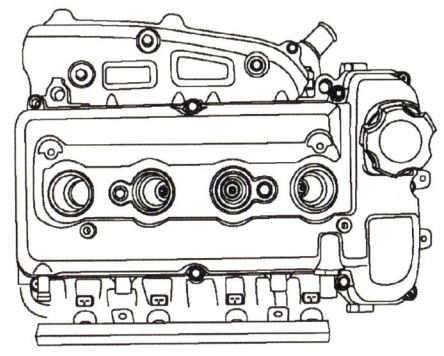

图 1-2-47 气缸垫的安装 11

② 重新装上气缸盖罩衬垫和气缸盖罩。

③ 安装气缸盖罩螺栓（含气缸盖罩螺栓垫圈总成），并按图 1-2-48 所示顺序依次拧紧气缸盖罩螺栓力矩至 8~12 N·m。

④ 重新将曲轴箱通气管装到气缸盖罩上，并套好夹箍。

7	3	2	6
10	11	12	9
8	4	1	5

图 1-2-48 气缸垫的安装 12

（9）如图 1-2-49 所示，装上火花塞，紧固火花塞力矩至 22~28 N·m。

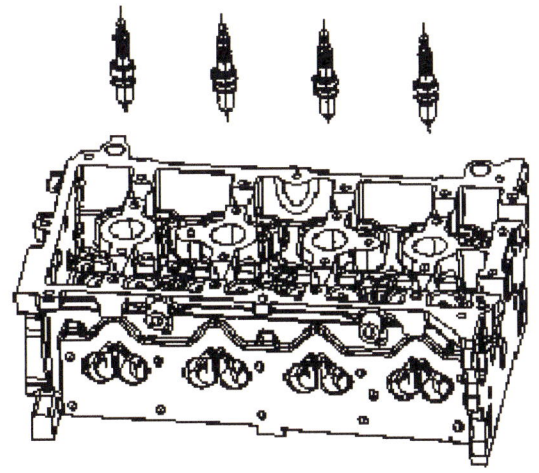

图 1-2-49 气缸垫的安装 13

（10）接好点火高压线及蓄电池负极搭铁线。

（11）安装换挡装置及驻车制动控制机构。

（12）恢复并锁好汽车前座椅。

气缸垫的更换记录表

车辆型号		学生姓名	
发动机型号		VIN 编号	

项目一　CNG新能源客车发动机曲柄连杆机构的构造与维修

气缸垫的更换考评表

考核项目	评分标准	分数	自评	互评	教师评价	小计
团队合作	是否协调	5				
活动参与	是否积极主动	5				
安全生产	有无安全隐患	10				
任务方案	是否正确、合理	15				
操作过程	是否规范、完整	40				
任务完成情况	是否圆满、完成	5				
工具和设备使用	是否规范、标准	10				
劳动纪律	是否严格遵守	5				
工单填写	是否完整、规范	5				
总分		100				

任务三　CNG新能源客车发动机活塞连杆组件的检查与更换

（1）了解活塞连杆组件的结构。
（2）掌握活塞连杆组件的检查与更换。

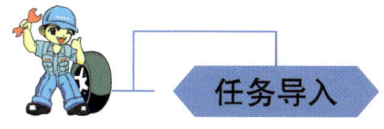

一辆CNG新能源客车在行驶时，驾驶员发现发动机功率下降、排气管冒白烟。经检查，气缸垫完好，经检查班组长判定为活塞环磨损严重所致，需对其进行更换。

35

一、活塞连杆组

活塞连杆组主要由活塞、活塞环、活塞销和连杆等部件组成,如图 1-3-1 所示。

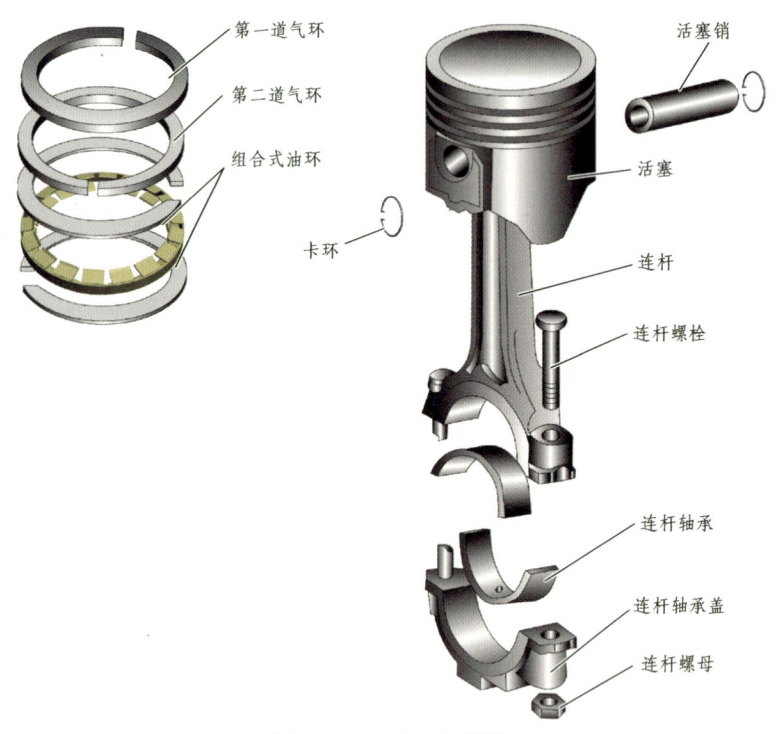

图 1-3-1　活塞连杆组

1. 活　塞

活塞的主要功用是承受气缸中的燃烧压力,并将此力通过活塞销和连杆传递给曲轴。此外,活塞还与气缸盖、气缸壁共同组成燃烧室。

活塞由活塞顶部、活塞头部和活塞裙部三部分组成,如图 1-3-2 所示。

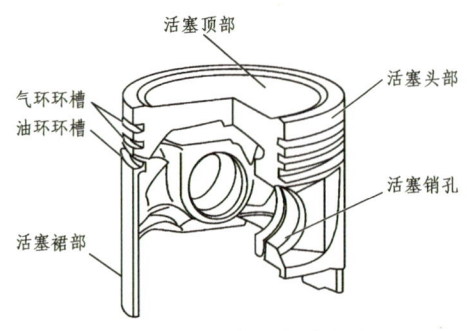

图 1-3-2　活塞的基本结构

（1）活塞顶部是燃烧室的组成部分，其形状与选用的燃烧室的形式有关。传统汽油机活塞顶有平顶、凹顶和凸顶等形式，如图1-3-3所示。

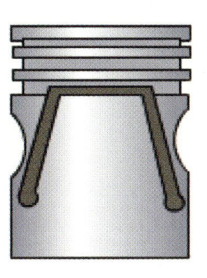 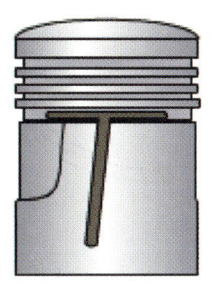 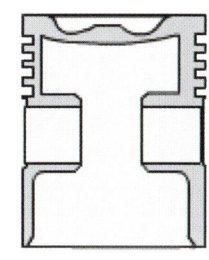

（a）平顶活塞　　　　　（b）凸顶活塞　　　　　（c）凹顶活塞

图1-3-3　活塞顶的形状

（2）活塞头部是指活塞顶至最下面一道活塞环槽之间的部分，其作用是承受气体压力、防止漏气、将热量通过活塞环传给气缸壁。活塞头部切有若干环槽，用以安装活塞环。上面的2~3道槽用来安装气环，下面的一道用来安装油环。油环槽的底部钻有若干小孔，以使油环从气缸壁上刮下的多余润滑油经此流回油底壳。

为了加强和保护活塞环槽，可在铝合金活塞环槽部位铸入由耐热材料制造的环槽护圈，如图1-3-4所示。采用奥氏体铸铁护圈后，环槽的寿命可以提高3~10倍。

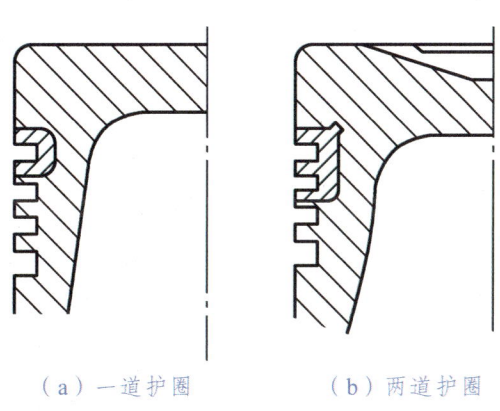

（a）一道护圈　　　　　（b）两道护圈

图1-3-4　活塞环槽护圈

（3）活塞环槽以下的所有部分称为活塞裙部，其作用是引导活塞在气缸中做往复运动，并承受侧压力。考虑轻量化和防止热膨胀，有些活塞裙部开了细长的一字形、T形或U形槽，热膨胀的时候这些槽会变窄。

2. 活塞环

活塞环包括气环和油环两种，如图1-3-5所示。

（1）气环又称为压缩环，其作用是保证活塞与气缸壁间的密封，防止气缸中的高温、高压燃气大量漏入曲轴箱，同时它还将活塞头的热量传导给气缸壁。一般发动机上每个活塞装有2~3道气环。

（2）油环的作用是刮除气缸壁上多余的机油，并在气缸壁上布油。通常发动机的每个活塞装有 1 道油环，也有个别发动机活塞在裙部上还装有 1 道油环。

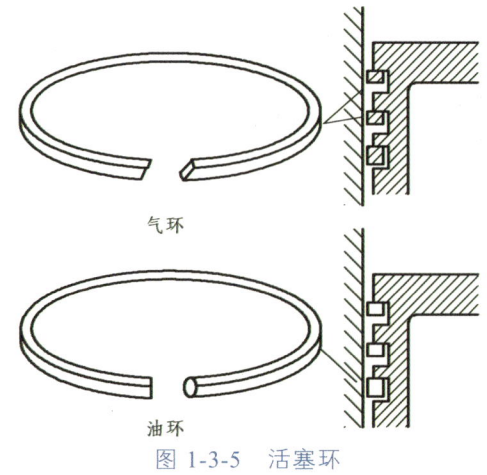

图 1-3-5　活塞环

3. 活塞销

活塞销的功用是连接活塞和连杆小头，将活塞所承受的气体压力传递给连杆。活塞销的连接方式主要有全浮式和半浮式两种，如图 1-3-6 所示。

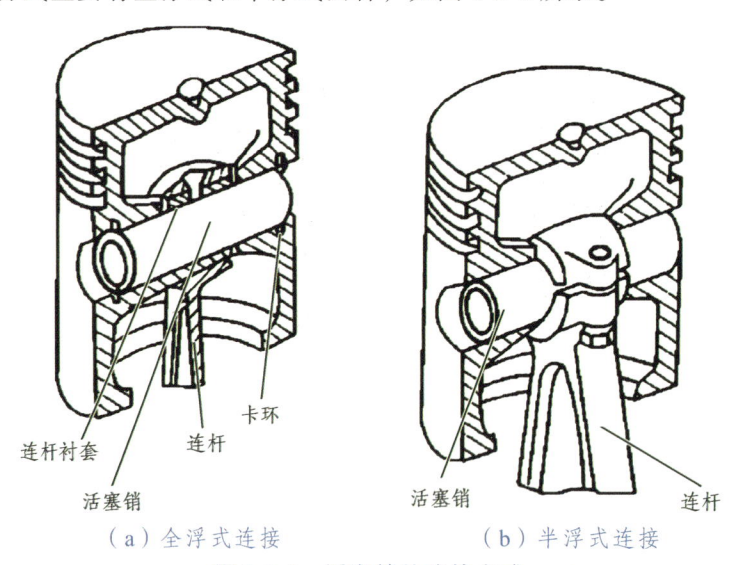

（a）全浮式连接　　　　（b）半浮式连接

图 1-3-6　活塞销的连接方式

（1）全浮式连接的活塞销能在连杆小头衬套孔和活塞销座孔内做自由转动，可以保证活塞销沿圆周磨损均匀，因此应用较为普遍。为防止活塞销轴向窜动而损坏气缸壁，在活塞销座两端装有弹性卡环来限位。

（2）半浮式连接的活塞销是用螺栓将活塞销夹紧在连杆小头孔内，这时活塞销只在活塞销孔内转动，在连杆小头孔内不转动。因而连杆小头孔内不装衬套，活塞销座孔内也不装挡圈。

4. 连杆组

连杆组包括连杆体、连杆盖、连杆螺栓和连杆轴承等零件。

连杆的功用是将活塞承受的力传给曲轴，推动曲轴转动，将活塞的往复运动转变为曲轴的旋转运动。

如图 1-3-7 所示，连杆由连杆小头、杆身和连杆大头三部分组成。连杆小头用来安装活塞销以连接活塞，在全浮式连接的连杆小头孔内压有减磨的青铜衬套或铁基粉末冶金衬套。工作时，活塞销和衬套之间有相对转动，为了保证它们间的润滑，在连杆小头和衬套上钻有集油孔或铣出集油槽，用于收集发动机运转时被溅上来的机油，以便润滑。有的发动机连杆小头采用压力润滑，在连杆杆身内钻有纵向的压力油道。

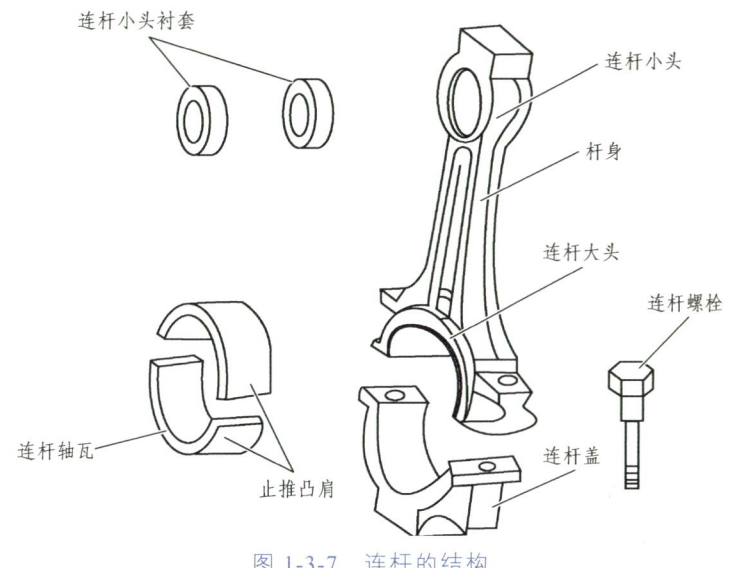

图 1-3-7 连杆的结构

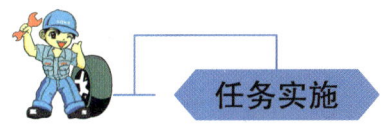

活塞连杆组的检查与更换

一、实训器材

1. 扭力扳手（见图 1-3-8）

图 1-3-8 扭力扳手图

2. 外径千分尺（见图1-3-9）

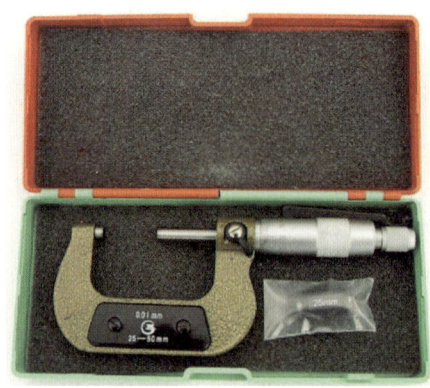

图1-3-9　外径千分尺

3. 所需专用工具

（1）PT-0010活塞环安装器（见图1-3-10）。

（2）PT-0031油底壳拆卸工具（见图1-3-11）。

4. 其他工具及器材

CNG新能源客车一辆、组合工具（见图1-2-7）、举升机（见图1-2-10）、厚薄规、钳子、螺丝刀、百分表、卡簧钳、塑料间隙规、抹布、刮刀、砂纸、密封胶（Loctite5900）、转向盘护套、变速杆手柄套、座位套、脚垫、翼子板和前格栅磁力护裙等。

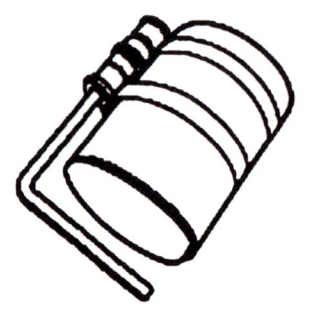
图1-3-10　PT-0010活塞环安装器

图1-3-11　PT-0031油底壳拆卸工具

二、准备工作

（1）车辆进入工位前，将工位清理干净，准备好相关的器材。

（2）将车辆停驻在举升机中央位置，如图1-2-11所示。

（3）拉紧驻车制动器操纵杆，如图1-2-12所示，并将变速杆置于空挡位置。

（4）套上转向盘护套、变速杆手柄套和座位套，铺设脚垫，如图1-2-13所示。

（5）在车内拉动发动机舱盖手柄，如图1-2-14所示。

（6）在车外打开并支撑发动机舱盖，如图1-2-15所示。

三、活塞连杆组件的检查与更换

1. 活塞连杆组件的拆卸

（1）拆卸气缸盖。
（2）用抹布擦干净气缸盖的残渣和积尘。
（3）拆卸油底壳。
① 松开并取下油底壳放油螺塞，放出机油，如图 1-3-12 所示。

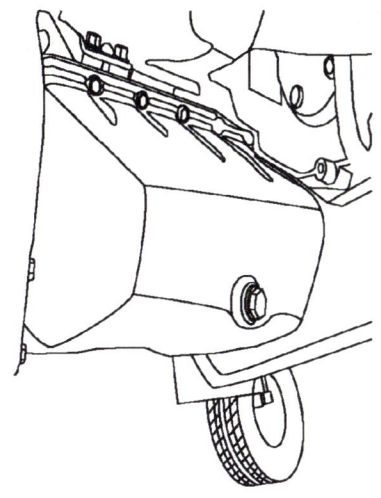

图 1-3-12　活塞连杆组件的拆卸 1

② 拆卸油位计总成。
③ 如图 1-3-13 所示，依次松开并拆下油底壳紧固螺栓，用专用工具 PT-0031 拆下油底壳总成。
④ 如图 1-3-14 所示，松开并拆下机油集滤器总成紧固螺栓，拆下机油集滤器总成和 O 形密封圈。

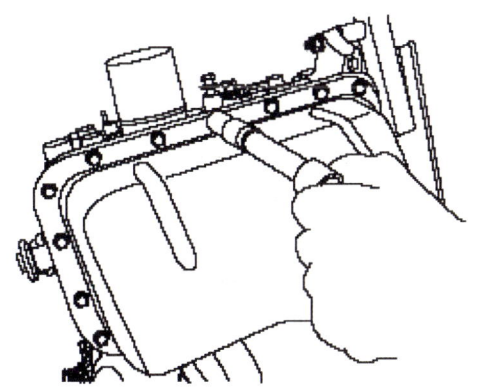
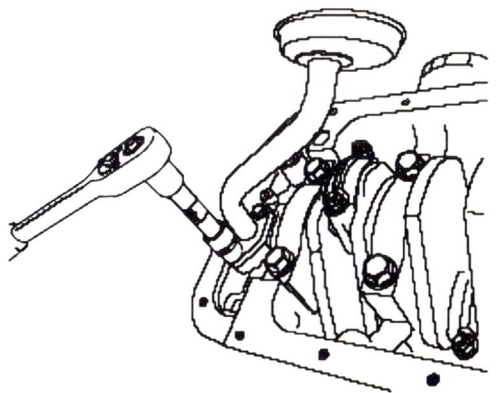

图 1-3-13　活塞连杆组件的拆卸 2　　　图 1-3-14　活塞连杆组件的拆卸 3

（4）如图1-3-15所示，松开连杆螺母。

（5）如图1-3-16所示，拆下连杆盖和连杆轴瓦。

注意：应将拆下来的连杆盖、连杆螺母、连杆轴瓦和连杆按对应的顺序放置。

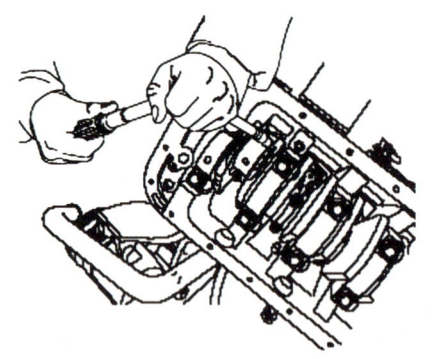 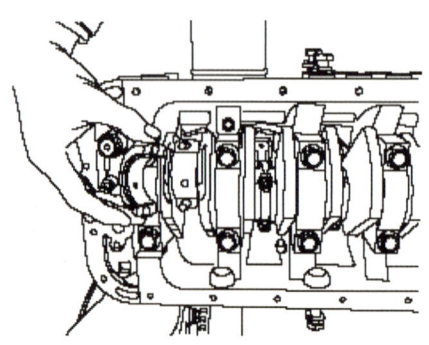

图1-3-15　活塞连杆组件的拆卸4　　　图1-3-16　活塞连杆组件的拆卸5

（6）从气缸内取出活塞连杆组件，并注意以下事项：

① 拉出活塞连杆组件之前，在活塞顶部编写气缸号码，以免混淆；同时记好活塞所对应的进排气位置，以免安装时损坏气门或活塞。

② 把活塞连杆组件推出时，切不可推压连杆体结合面。如需推压，应把螺母旋在连杆螺栓上，使用锤柄推压螺母。

③ 连杆上必须编写气缸号码，以免混淆。活塞连杆组件拆出后，应把连杆盖与连杆体对应连在一起，以免混淆，如图1-3-17所示。

（7）取出另一片连杆轴瓦，注意轴瓦对应的顺序并做好标记。

（8）用卡簧钳从活塞的两端轻轻地拆下活塞销卡环。

（9）如图1-3-18所示，推出活塞销，将连杆和活塞拆分开来。注意：拆下活塞销之前，在连杆上写上对应的气缸号码；把活塞、活塞销和连杆以及连杆盖安装在一起，放在专用盛具中。

（10）拆下活塞环。清洗活塞的光面，并用合适的刮刀清除活塞的凹槽和铜销中的油脂。

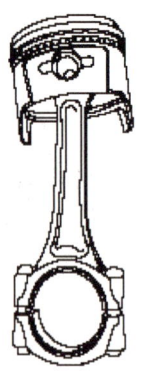 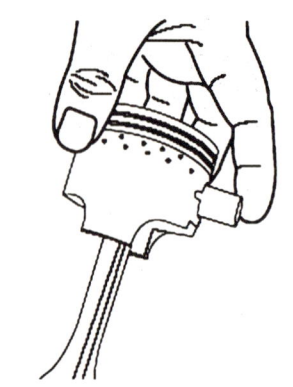

图1-3-17　活塞连杆组件的拆卸6　　　图1-3-18　活塞连杆组件的拆卸7

2. 活塞连杆组件的检查

（1）检查活塞环间隙。

① 如图 1-3-19 所示，使用厚薄规测量每个活塞环在槽内的侧间隙。如果超过规定限度时，测量槽宽和环厚，决定活塞或环或两者是否都要更换。

② 测量活塞环开口间隙。如图 1-3-20 所示，测量时，把活塞环放入缸孔中，把它推入缸孔的底部，如果测量的间隙超过限度时，必须更换活塞环。

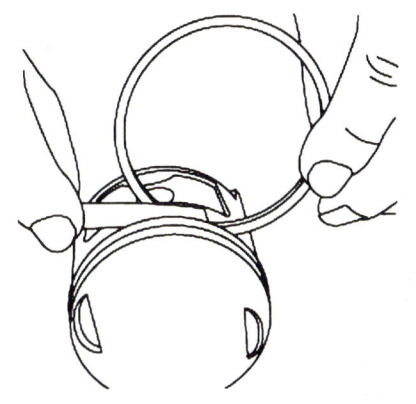
图 1-3-19　检查活塞环在槽内的侧间隙

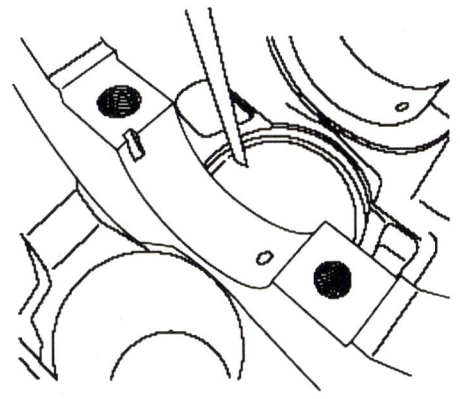
图 1-3-20　测量活塞环开口间隙

（2）如图 1-3-21 所示，用外径千分尺测量活塞直径，用量缸表测量气缸内径，确认活塞与气缸之间的间隙为 0.025～0.045 mm，否则，就应将所有缸孔再镗至下一个加大尺寸，安装发动机时，使用加大活塞。装配加大活塞时，活塞与缸孔的配缸间隙应保证在 0.025～0.045 mm。

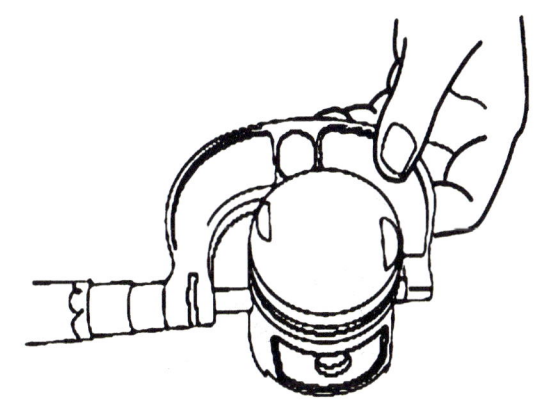
图 1-3-21　测量活塞直径

（3）检查每个缸孔表面有无烧蚀和拉伤等损坏迹象。轻度的伤痕可用细粒的砂纸研磨除去。

（4）如图 1-3-22 所示，使用软金属摩擦工具，擦掉活塞顶部和环槽的积炭。

图 1-3-22 擦掉活塞顶部和环槽的积炭

（5）如图 1-3-23 所示，在连杆以装配状态与连杆轴颈连接时，测量每个连杆大端的止推间隙。测量的间隙如果超过 0.30 mm，造成超过限度的连杆或曲轴就需要更换。

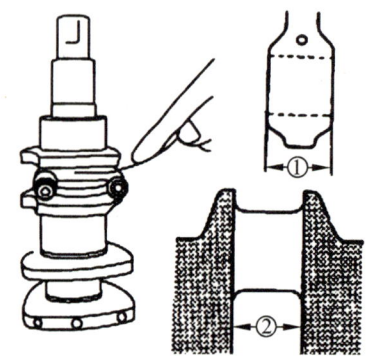

图 1-3-23 测量连杆大端的止推间隙

（6）把连杆放在平板上，检查有无弯曲和扭曲。如果弯曲超过 0.05 mm 或扭曲超过 0.10 mm 时，就要更换连杆。

（7）检查每个连杆的小端，有无磨损和破裂或其他损坏的迹象，要特别注意衬套的状态。

（8）如图 1-3-24 所示，测量连杆小头孔与活塞销的间隙，超过 0.05 mm 时，需要更换连杆。

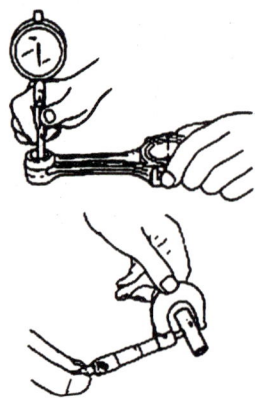

图 1-3-24 测量连杆小头孔与活塞销的间隙

（9）检查连杆轴瓦表面有无熔化、局部腐蚀、烧坏或剥落的痕迹，并观察与连杆轴颈接触的形式。一旦发现有问题的轴瓦，必须予以更换。

（10）测量连杆轴颈与连杆轴瓦的间隙。测量方法选用以下任意一种：

① 使用塑料间隙规测量：切下长度大约和轴瓦宽度相同的塑料间隙规，避开油孔，轴向放在连杆轴颈上；装上轴瓦以及连杆体和连杆盖，按规定力矩拧紧连杆螺母；拆下连杆盖，测量被压扁的塑料间隙规最宽部位的厚度。

② 使用细熔丝测量：测量方法同塑料间隙规。

③ 也可直接测量：取下曲轴，将带有轴瓦和螺栓的连杆盖与连杆装在一起，测量此时轴瓦的内径和曲轴相应轴颈的直径，两测量值的差值即为连杆轴颈与连杆轴瓦的间隙。

（11）当连杆轴颈与连杆轴瓦间隙大于 0.080 mm 时，应将连杆轴颈研磨小，并配以加厚的连杆轴瓦。

具体研磨尺寸要求如下：将加厚的连杆轴瓦安装在连杆大端，然后测量此时连杆大端的孔径。将测得的孔径尺寸减去 0.03 mm，所得尺寸即为轴颈需要研磨到的最终直径。

3. 活塞连杆组件的安装

（1）如图 1-3-25 所示，分别将气环和组合油环安装到活塞的对应位置。

注意：

① 活塞环标记朝上，如果无标记，则任意面朝上都可以。

② 安装活塞环时，不能让各环的端隙排在一条直线上。

③ 活塞环安装后，必须在环槽加润滑油。

④ 使用新活塞环时，一定要检查。

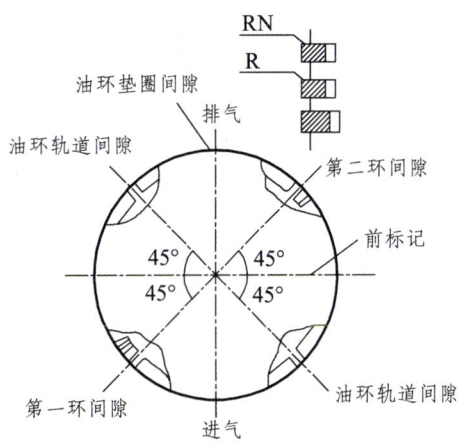

图 1-3-25　活塞连杆组件的安装 1

（2）如图 1-3-26 所示，将对应气缸的连杆和活塞装在一起。注意：安装时，应注意活塞和连杆的相对位置：活塞顶部的箭头①指着前端，连杆的油孔②对着进气侧。

（3）如图 1-3-27 所示，在活塞销和连杆小头孔涂润滑油，然后装入活塞销，并装上活塞销两端的活塞销卡环。注意：更换连杆时应更换相同级别的连杆，如级别为 A 级则其余均为 A 级，不得混淆。

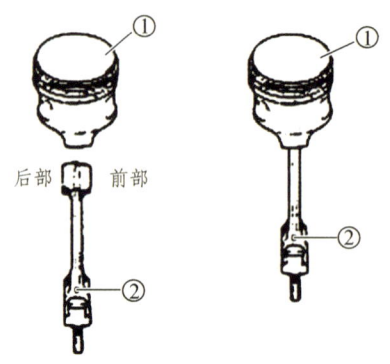

图 1-3-26 活塞连杆组件的安装 2

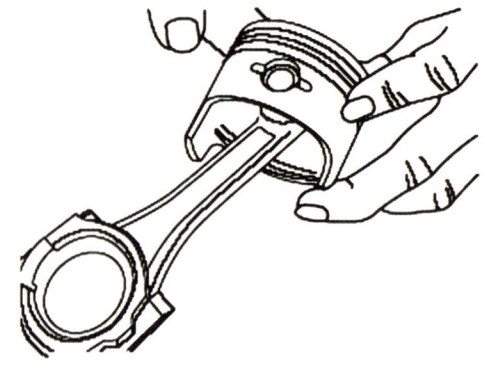

图 1-3-27 活塞连杆组件的安装 3

（4）装入对应的连杆轴瓦，用机油润滑面对曲轴一侧的连杆轴瓦。注意：当换用新的连杆或研磨连杆轴颈后，必须测量连杆大端尺寸和曲轴连杆轴颈的尺寸，根据轴承技术规格表，重新选配连杆轴瓦。

（5）如图 1-3-28 所示，用活塞环安装器将连杆活塞组件安装到对应的气缸内，活塞顶部的箭头应朝向发动机的前端。

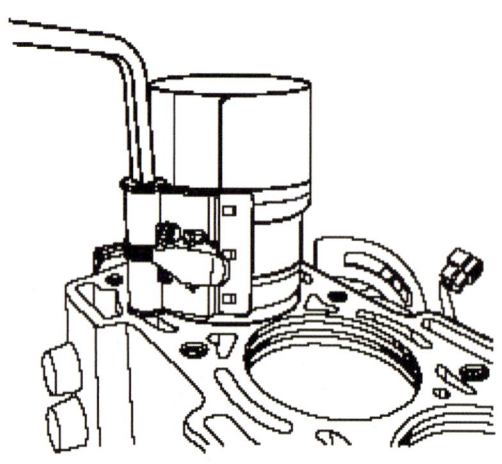

图 1-3-28 活塞连杆组件的安装 4

注意：

① 安装连杆活塞组件时，两个连杆螺栓的端部均应套上橡胶管，以防止螺栓划伤气缸孔。

② 连杆活塞组件安装前，必须用机油给活塞、活塞环和气缸孔表面润滑。

③ 安装活塞时注意活塞端部对应的进排气位置，以免碰伤气门或活塞。

（6）将对应的另一片连杆轴瓦安装到对应的连杆盖上，用机油润滑面对曲轴一面的连杆轴瓦。

（7）如图 1-3-29 所示，将连杆盖安装到对应连杆体上。注意：安装连杆盖时，连杆盖的止口槽要对着连杆体的止口槽。

（8）装上连杆螺母，并均匀地将它们拧紧，每个连杆盖左边和右边的拧紧力要相等，最后紧固连杆螺母力矩至 31~35 N·m。注意：安装好曲轴和活塞后，应该详细地确认活塞顶部的箭头（见图 1-3-30）指向 V 带轮方向（前端），且曲轴的回转力矩应为 4~5 N·m。

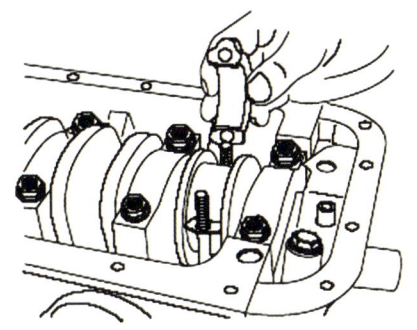

图 1-3-29　活塞连杆组件的安装 5

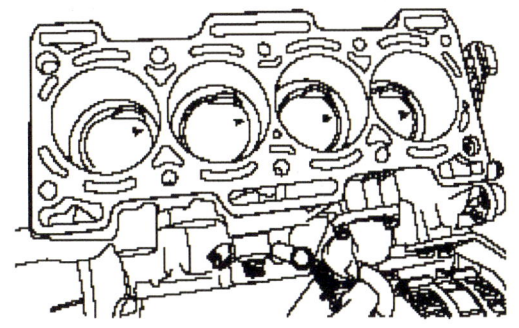

图 1-3-30　活塞连杆组件的安装 6

（9）安装机油集滤器总成和油底壳。

① 安装油底壳密封垫前，先用小刀清除机油泵和曲轴后端盖与曲轴箱及油底壳总成结合处残留的密封胶。

② 将 O 形密封圈和机油集滤器总成安装到机油泵总成上，紧固机油集滤器总成的紧固螺栓力矩至 8~12 N·m。

③ 如图 1-3-31 所示，将油底壳放油螺塞安装到油底壳上，紧固放油螺塞力矩至 35~45 N·m。

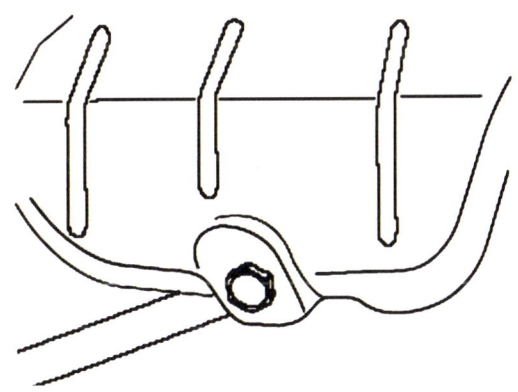

图 1-3-31　活塞连杆组件的安装 7

④ 如图 1-3-32 所示，将油底壳总成装到曲轴箱上，在油底壳法兰面上涂密封胶（Loctite5900），胶料应避开螺孔，直径 3.0~3.5 mm，并按规定顺序紧固油底壳总成的紧固螺栓力矩至 8~12 N·m。

⑤ 重新加注机油，直到机油的油位保持在机油尺上的"max"刻度线与"min"刻度线标记之间。

（10）安装气缸垫和气缸盖总成。

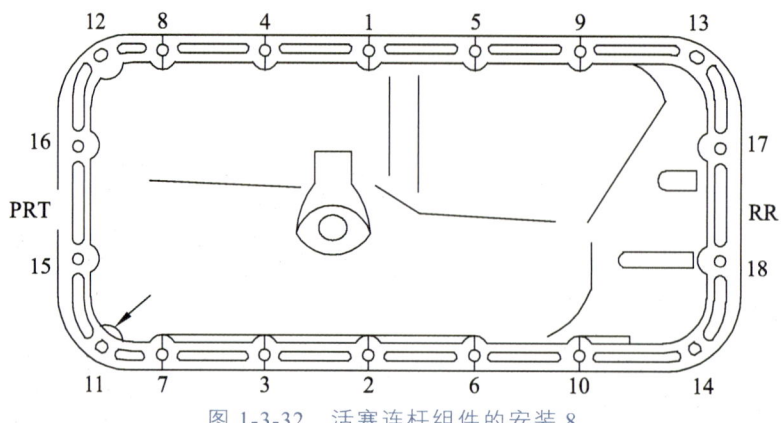

图1-3-32　活塞连杆组件的安装8

活塞连杆组件的检查与更换记录表

车辆型号		学生姓名	
发动机型号		VIN编号	

活塞连杆组件的检查与更换考评表

考核项目	评分标准	分数	自评	互评	教师评价	小计
团队合作	是否协调	5				
活动参与	是否积极主动	5				
安全生产	有无安全隐患	10				
任务方案	是否正确、合理	15				
操作过程	是否规范、完整	40				
任务完成情况	是否圆满、完成	5				
工具和设备使用	是否规范、标准	10				
劳动纪律	是否严格遵守	5				
工单填写	是否完整、规范	5				
总分		100				

任务四　CNG新能源客车发动机曲轴飞轮组构造与维修

（1）认识曲轴飞轮组各零件的名称。
（2）掌握曲轴的检测与校正。

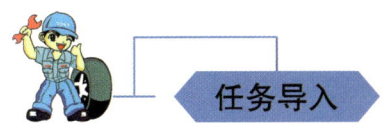

一辆CNG新能源客车在行驶途中发动机出现异响，经初步检查，此故障是由发动机曲轴弯曲所致，现需对曲轴进行校正，恢复发动机正常使用。

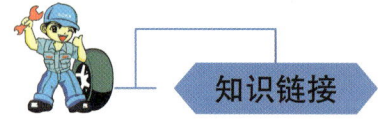

一、曲轴飞轮组的作用与组成

CNG 新能源客车发动机曲轴飞轮组的主要功用是将活塞连杆组传来的气体压力转变为扭矩，对外输出动力，驱动车辆行驶，同时，曲轴还用来驱动发动机的配气机构及其他各种辅助装置。

CNG 新能源客车发动机曲轴飞轮组主要由曲轴、飞轮、扭转减振器等组成，如图 1-4-1 所示。

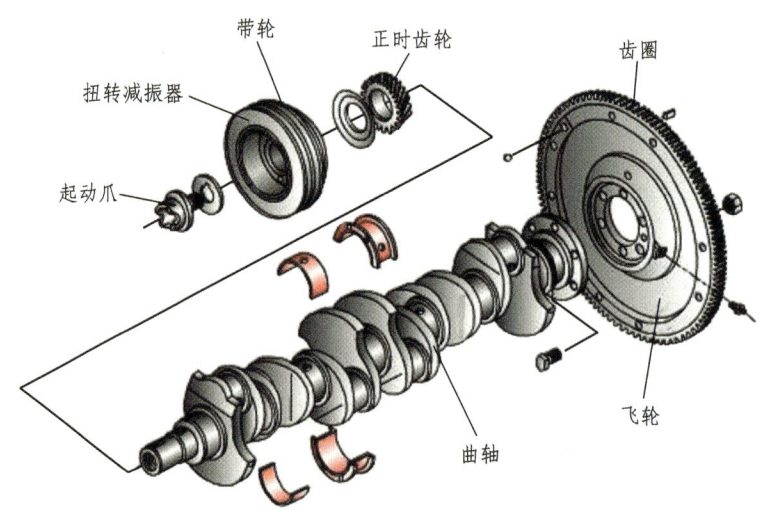

图 1-4-1　CNG 新能源客车发动机曲轴飞轮组的组成

二、曲轴飞轮组主要部件

（一）曲　轴

曲轴在周期性变化的气体力、惯性力及其力矩的共同作用下工作，承受弯曲和扭转交变载荷的冲击。同时在发动机工作过程中其工作表面受到较大摩擦，因此，应具有足够的强度和刚度，工作表面应该耐磨，并且要有足够的润滑条件。其一般由 45、40Cr、35 Mn2 等中碳钢和中碳合金钢模锻而成，轴颈表面经高频淬火或氮化处理，最后进行精加工。CNG 新能源客车发动机广泛采用球墨铸铁曲轴，其主要特点是耐磨性能好，轴颈不需硬化处理，便于加工，制造成本低，如图 1-4-2 所示。

图 1-4-2　CNG 发动机曲轴总成

CNG 新能源客车发动机曲轴通常有整体式（常用）与组合式两种结构形式。整体式曲轴主轴颈、曲柄销和曲柄臂一体，在生产过程中整体制造，结构简单、重量轻、稳定性好、简化装配、降低成本、锻造复杂、不易拆卸，CNG 新能源客车发动机广泛应用。组合式曲轴主轴颈、曲柄销和曲柄臂在生产过程中分别制造，然后组合到一起，方便制造、易于拆卸，一般用于大型低速大功率柴油机。

CNG 发动机曲轴主要由前端轴、主轴颈、连杆轴颈、曲柄、后端轴等组成，有些曲轴还加工有平衡重，保证曲轴工作时有良好的平衡性，如图 1-4-3 所示。

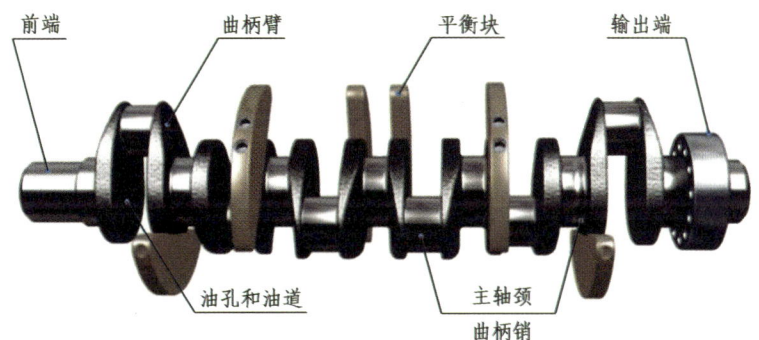

图 1-4-3　CNG 发动机曲轴的组成

1. 前端轴

前轴端装有正时齿轮皮带轮扭转减震器和起动爪等；为防止机油沿曲轴轴颈外漏，一般在正时齿轮前端装一个甩油盘，正时齿轮盖内孔周围还嵌有自紧式油封。当机油溅落在随着曲轴旋转的甩油盘上时，由于离心力的作用，被甩到正时齿轮盖的内壁上，油封挡住机油，是机油沿壁面流回油底壳。

2. 后端轴

后端轴通常制有甩油突缘、回油螺纹和飞轮结合盘。飞轮结合盘用来连接飞轮输出动力。甩油突缘与回油螺纹用来防止既有外漏，从主轴颈间隙流向后端的机油，主要被甩油突缘甩入主轴承座孔后边缘的凹槽内，并经回油孔流向油底壳。

3. 主轴颈

曲轴主轴颈用来支撑曲轴,曲轴即绕其中心线旋转。主轴颈支撑于滑动主轴承上,主轴承盖用螺栓与上曲轴箱的主轴承座紧固在一起。主轴承一般开有周向油槽和主油孔,为曲轴旋转时提供压力润滑油。为了使各主轴颈磨损相对均匀,对于受力交大的中部和两端的主轴颈制造得较宽。

曲轴的支承方式一般有两种,一种是全支承曲轴,另一种是非全支承曲轴,如图1-4-4所示。每个连杆轴颈两边都有一个主轴颈称为全支承曲轴,其主轴颈数比气缸数多一个,如六缸发动机全支承曲轴有七个主轴颈。全支承曲轴强度和刚度都比较好,并且减轻了主轴承载荷,减轻了磨损,CNG新能源客车发动机多采用这种形式。

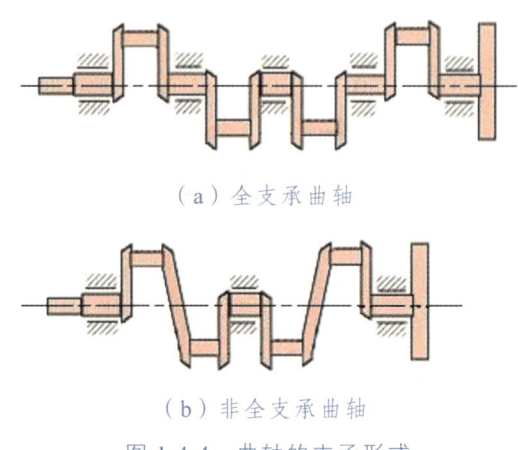

(a) 全支承曲轴

(b) 非全支承曲轴

图 1-4-4 曲轴的支承形式

4. 连杆轴颈

连杆轴颈用来安装连杆大头,连杆轴颈通常被制成中空,可减轻曲拐旋转部分的质量,以达到减小离心力的目的。中空的部分还可兼作油道和油腔,为曲轴工作提供压力润滑油。当曲轴旋转时,将曲轴油管的机油中较重的杂质甩向油腔壁,而洁净的机油则经弯管流向连杆轴向表面,减轻了轴颈的磨损。

5. 曲拐

一个连杆颈和它两端的曲柄以及前后两个主轴颈合在一起,称为曲拐,如图1-4-5所示。

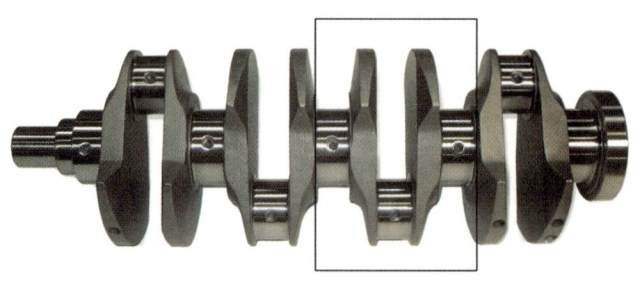

图 1-4-5 曲拐

项目一 CNG新能源客车发动机曲柄连杆机构的构造与维修

直列发动机的连杆轴颈数目和气缸数相等。V型发动机的连杆轴颈数等于气缸数的一半。

为有效防止曲轴在旋转时产生轴向窜动,还必须对曲轴进行轴向定位,考虑到曲轴的工作特点,通常采用一端定位的方式。目前广泛采用翻边轴瓦或止推片两种定位方法。

(二)飞 轮

飞轮是一个转动惯量很大的圆盘,如图1-4-6所示。

飞轮的主要作用是将在作功行程中输入于曲轴的功能的一部分贮存起来,用以在其他行程中克服阻力,带动曲柄连杆机构越过上、下止点,保证曲轴的旋转角速度和输出转矩尽可能均匀,并使发动机有可能克服短时间的超载荷,同时将发动机的动力传给离合器。

图1-4-6 飞轮

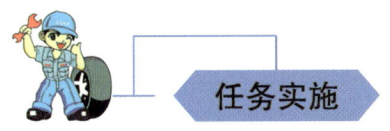

曲轴飞轮组的检修

一、实训器材

(1)CNG新能源发动机。
(2)其他工具及器材:举升机、组合工具、扭力扳手、螺丝刀、钳子、专用工具Matra V159、转向盘护套、变速杆手柄套、座位套、脚垫、翼子板和前格栅磁力护裙等。

二、准备工作

(1)学生将工位清理干净,准备好相关的工具、物品等。
(2)将发动机拆装翻转台架准备好,并安全固定。
(3)转动发动机拆装翻转台架,使油底壳朝上。

三、任务实施

(一)曲轴飞轮组的拆装

(1)将气缸体倒置,用专用工具固定飞轮,从曲轴凸缘上按交叉松开的顺序拆下飞轮,如图1-4-7所示。

图 1-4-7　拆卸飞轮

操作提示：先对角旋松，后拧下螺栓。最后用橡皮锤均匀轻击飞轮边缘，取下飞轮。

（2）拆下曲轴后端法兰，如图 1-4-8 所示。

图 1-4-8　拆卸曲轴后端法兰

操作提示：先对角旋松，后拧下螺栓。最后用橡皮锤均匀轻击边缘，取下法兰。

（3）按顺序拆下曲轴主轴承盖紧固螺栓，取下曲轴轴承盖，如图 1-4-9 所示。

操作提示：注意不能一次全部拧松，必须分几次均匀地从两段到中间逐步拧松。并按顺序摆放轴承盖。

图 1-4-9　拆卸曲轴轴承盖

（4）取下轴瓦，如图 1-4-10 所示。

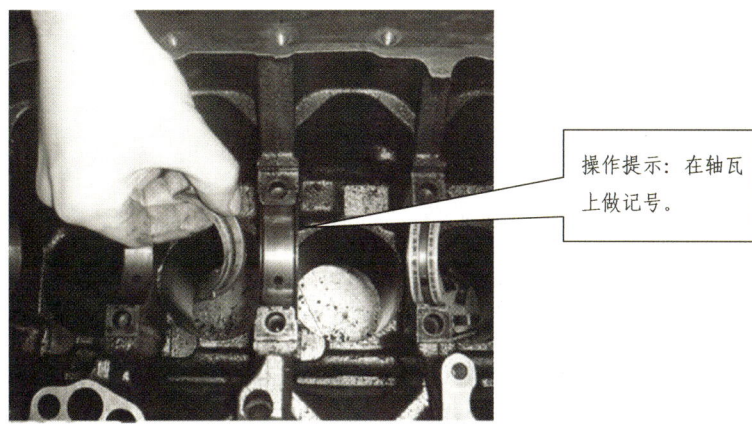

操作提示：在轴瓦上做记号。

图 1-4-10　取下轴瓦

（5）取下曲轴，如图 1-4-11 所示，并将轴承盖与轴瓦按原位装回，三号轴瓦（中间一道）是具有推力功能的轴瓦，两端有半圆形止推片，注意安装时槽口向外。

图 1-4-11　取下曲轴

（6）如图 1-4-12 所示，将经过清洗和擦拭干净的曲轴、飞轮，选配及修配好的轴瓦、轴承盖等零件，依次摆放整齐，准备装配。

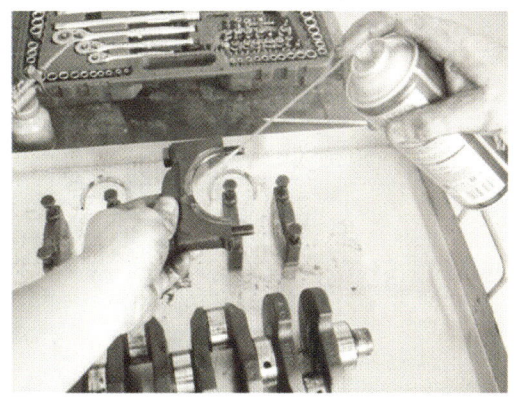

图 1-4-12　清洗拆卸下的零件

（7）安装曲轴上轴瓦，如图1-4-13所示。

操作提示：在其表面涂抹足够润滑油，注意上轴瓦止口和油孔的安装位置。

图1-4-13　安装曲轴上轴瓦

（8）装上曲轴，如图1-4-14所示。

操作提示：将曲轴小心地安装在缸体上，轻轻地转动。

图1-4-14　装上曲轴

（9）在第三道主轴颈两侧安装半圆形止推片，如图1-4-15所示，其开口必须朝向曲轴。

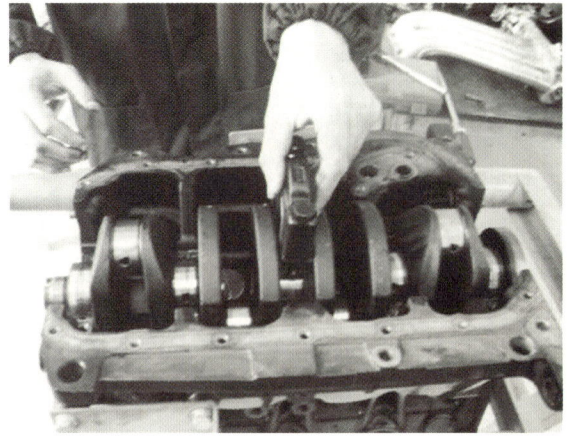

图1-4-15　半圆形止推片

（10）分 3 次从中间向两边拧紧主轴盖螺栓，如图 1-4-16、图 1-4-17 所示。

操作提示：第1次用棘轮扳手均匀拧紧。

图 1-4-16　第 1 次拧紧

操作提示：第2次用扭力扳手拧紧，拧紧力矩为65 N·m，第3次再旋转90°。

图 1-4-17　第 2、3 次拧紧

（11）安装前后端的法兰，如图 1-4-18 所示。

操作提示：在后油封法兰上涂密封胶，曲轴后端法兰螺栓紧固力矩为 16 N·m。

图 1-4-18　安装前后端的法兰

（12）安装飞轮，如图 1-4-19 所示。

操作提示：飞轮螺栓拆卸后更换。安装时注意飞轮与曲轴的定位。交替对角拧紧飞轮螺栓，拧紧力矩为 60 N·m+90°。检查曲轴转动情况，若转动费力，用橡皮锤轻敲主轴承盖，直至转动顺畅为止。

图 1-4-19　安装飞轮

（二）曲轴的检修

1. 曲轴裂纹的检测

曲轴裂纹多发生在曲柄与轴颈之间的过渡圆角处，以及油孔处。曲轴清洗后，检查有无裂纹。检查方法有磁力探伤法、超声波探伤法、着色探伤法等，也可用浸油敲击法检测。

2. 曲轴弯曲的检测

曲轴弯曲的检测见表 1-4-1。

表 1-4-1　曲轴弯曲的检测

步骤	图示
（1）准备设备及工量具。 提示：将曲轴放置在 V 形架上，其中第一、第四道主轴颈放置在 V 形架上，同时需要平整地检验平板	
（2）清洁曲轴及百分表。 提示：清洁曲轴第三道主轴颈，百分表需要清洁并检查，方法见量缸项目	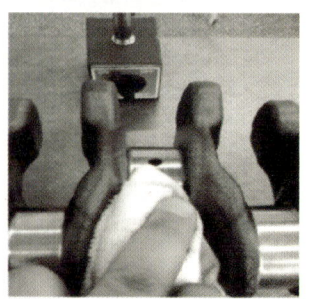

续表

步骤	图示
（3）调整百分表与曲轴的接触位置。 提示：将百分表的测量头部放置在第三道主轴颈上，百分表测量杆应垂直于检验平板，且避开主轴颈的油孔位置	
（4）调整百分表的压缩量并校零。 方法：调整磁性表座的螺母，使百分表测量头部接触主轴颈，并向下压 1～2 mm，然后紧固，再旋转百分表刻度盘，使大指针指向"0"刻度	
（5）测量弯曲度。 方法：旋转曲轴超过一圈，观察百分表读数，百分表最大摆量的一半即是弯曲度。一般弯曲度不可超过 0.15 mm，具体参见发动机维修手册	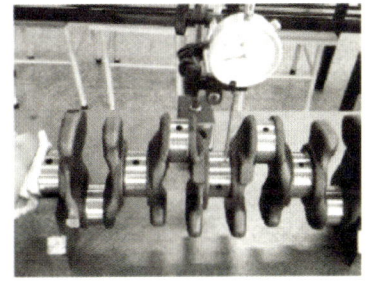

3. 曲轴磨损的检测

曲轴磨损的检测见表 1-4-2。

表 1-4-2　曲轴磨损的检测

步骤	图示
（1）设备及工量具准备。 提示：将曲轴放置在 V 形架上，其中第一、第四道主轴颈放置在 V 形架上，同时需要平整的检验平板	

续表

（2）清洁曲轴 提示：重点清洁轴颈部分，不可有毛刺、机油等异物	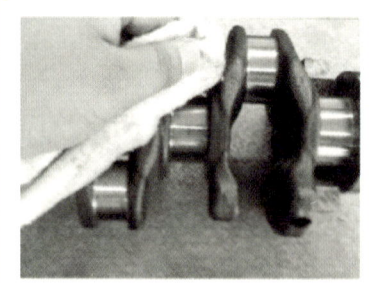
（3）外径千分尺的准备。 提示：外径千分尺需清洁测量表面、校准杆，需校零	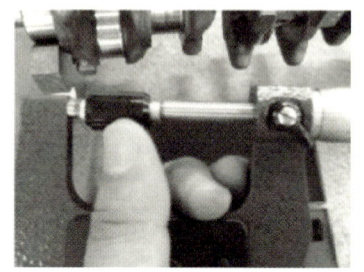
（4）测量曲轴主轴颈直径。 方法：将处径千分尺调到略大于轴颈直径的尺寸，然后放入曲轴轴颈，测量杆的连线应过曲轴轴颈的轴心	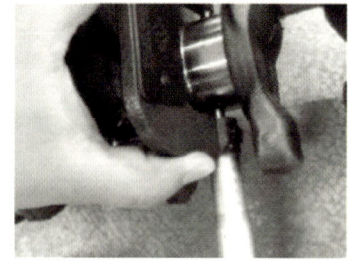
（5）测量位置。 提示：一个轴颈需测量四个直径，分别是轴颈的前后及水平与垂直方向	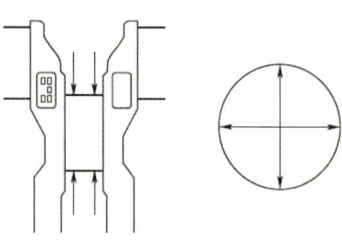
（6）测量连杆轴颈。 提示：方法和要求与测量曲轴主轴颈相同	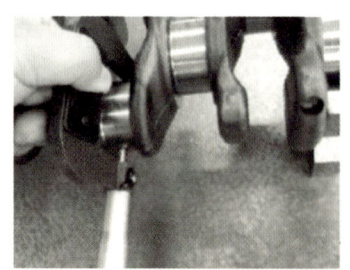

续表

（7）清洁整理设备及工量具。 提示：将外径千分尺退回到最小刻度并锁止	

4. 曲轴扭曲的检测

曲轴扭曲的检测见表1-4-3。

表1-4-3 曲轴扭曲的检测

（1）准备设备及工量具。 提示：需要平整的检验平板，使用高度游标卡尺测量	
（2）清洁曲轴第一和第四道连杆轴颈。 提示：第一和第四道连杆曲颈是需要测量的零部件，轴颈表面需清洁干净，可用汽油洗、气枪吹、抹布擦、除油纸擦拭	
（3）清洁高度游标卡尺。 提示：在拉动高度游标卡尺的游标尺前，先松开锁止螺母。 注意：需重点清洁测量爪	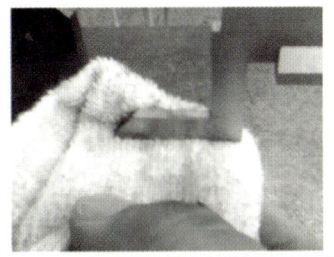
（4）高度游标卡尺校零。 方法：高度游标卡尺的底座不可脱离检验平板，将测量爪拉到接触检验平板，观察游标卡尺对数，如果游标尺和主尺的"0"对齐，则为零误差	

续表

步骤	图示
（5）调整曲轴位置。 提示：将四道连杆轴颈放置成一个平行于检验平板的水平面	
（6）测量第一道连杆轴颈到检验平板的高度。 方法：使用高度游标卡尺，测量第一道连杆轴颈最高点到检验平板的高度，并记下数据。 注意：动作要轻，在向下拉游标尺的时候不可太用力，不可碰动曲轴，且高度游标卡尺的底座不可翘起	
（7）测量第四道连杆轴颈到检验平板的高度。 方法：与测量第一道连杆轴颈相同，并记录测量数据 提示：扭曲度一般不超过 0.5°	
（8）清洁整理。 提示：清理曲轴及工量具，并且注意高度游标卡尺的存放	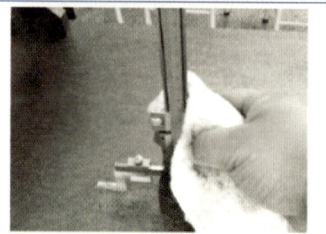

5. 曲轴轴承的检测

曲轴轴承检修主要包括轴承轴向间隙检测及径向间隙检测。

（1）曲轴轴承轴向间隙的检测（见表 1-4-4）

表 1-4-4　曲轴轴承轴向间隙的检测

步骤	图示
（1）设备及工量具准备。 注意：安装磁性表座，清洁并检查百分表，清洁曲轴主轴颈测量表面	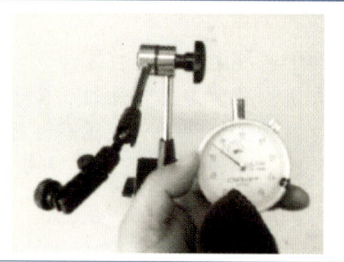

续表

（2）安装百分表及磁性表座。 提示：需沿曲轴轴线方向安装	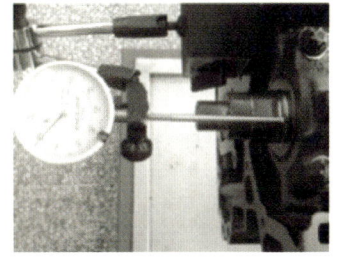
（3）调整百分表。 提示：按百分表的使用规范调整	
（4）测量曲轴轴向间隙。 方法：前后撬动曲轴，观察百分表的摆动量即轴向间隙，并记录数据	
（5）清洁整理。 提示：清洁整理归位，取下磁性表座时要当心，不要掉落	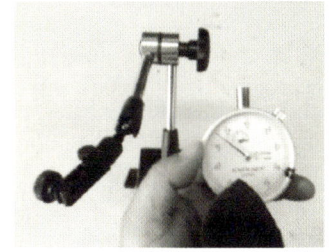

（2）曲轴轴承径向间隙的检测（见表1-4-5）

表1-4-5 曲轴轴承径向间隙的检测

（1）安装活塞连杆，并清洁连杆轴颈。	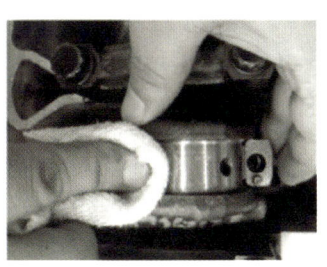

续表

（2）清洁连杆盖轴瓦。	
（3）放置塑料线间隙规。 提示：应放置与曲轴轴线方向一致，宽度与轴颈宽度相当	
（4）安装连杆盖。 提示：按规定紧固连杆螺栓。 注意：不可转动曲轴	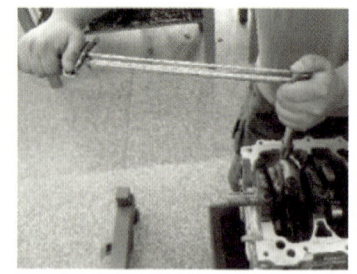
（5）拆卸连杆盖。	
（6）测量塑料间隙线的宽度。 方法：对比标准间隙宽度	

实施评价

曲轴飞轮组的检修记录表

车辆型号		学生姓名	
发动机型号		VIN 编号	

曲轴飞轮组的检修考评表

考核项目	评分标准	分数	自评	互评	教师评价	小计
团队合作	是否协调	5				
活动参与	是否积极主动	5				
安全生产	有无安全隐患	10				
任务方案	是否正确、合理	15				
操作过程	是否规范、完整	40				
任务完成情况	是否圆满、完成	5				
工具和设备使用	是否规范、标准	10				
劳动纪律	是否严格遵守	5				
工单填写	是否完整、规范	5				
总分		100				

项目二

CNG 新能源客车发动机配气机构的构造与维修

任务一　CNG 新能源客车发动机正时齿带的更换

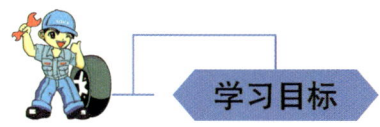

（1）认识配气机构各零件的名称。
（2）了解配气机构的工作原理。
（3）掌握正时齿带的更换方法。

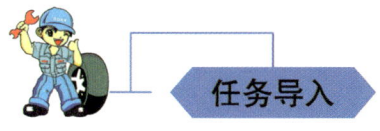

某驾驶员驾驶一辆 CNG 新能源客车，在行驶途中发现客车行驶无力、功率不足，而且排气管发出"突、突"声。经初步检查，该车发动机正时皮带出现松旷、打滑现象。

一、配气机构

配气机构的功用是按照发动机每一气缸内所进行的工作循环或发火次序的要求，定时开启和关闭各气缸的进、排气门，使新鲜可燃混合气或空气得以及时进入气缸，废气得以及时从气缸中排出。进入气缸内的可燃混合气或空气对发动机性能的影响很大，表现为进气量越多，发动机的转矩越大、功率越高。

配气机构由气门组和气门传动组组成，如图 2-1-1 所示。气门组包括气门、气门座、气门导管和气门弹簧等部件。气门传动组主要包括凸轮轴、凸轮轴正时齿轮、正时齿带、张紧轮、液压挺柱等部件。

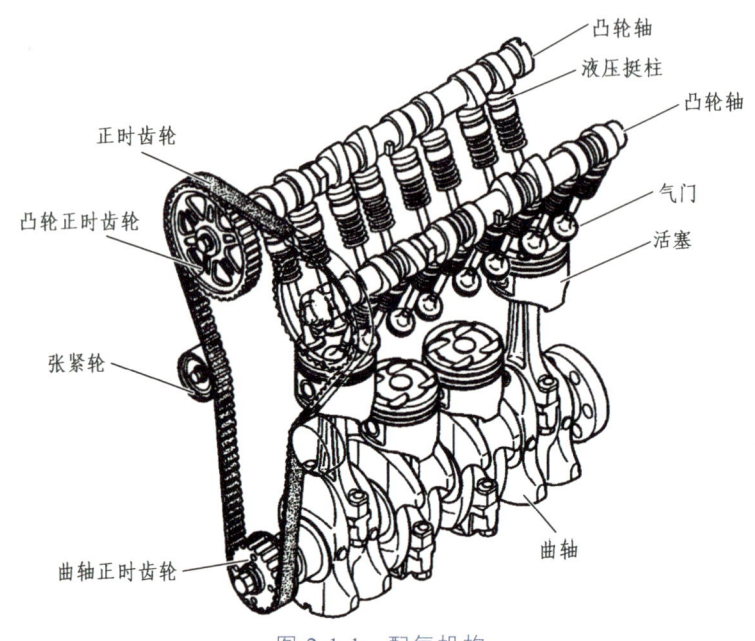

图 2-1-1 配气机构

发动机工作时，曲轴通过曲轴正时带轮、正时齿带、凸轮轴正时带轮驱动凸轮轴旋转。当凸轮轴凸轮转到凸起部分顶到液压挺柱时，通过液压挺柱，压缩气门弹簧，使气门离座，即气门开启。当凸轮凸起部分离开液压挺柱时，气门便在气门弹簧力的作用下上升而落座，即气门关闭。

由于四冲程发动机每完成一个工作循环，曲轴旋转 2 周，而各缸进、排气门各开启 1 次，完成一次进气和排气，此时凸轮轴只旋转 1 周，因此，曲轴与凸轮轴的转速比为 2∶1，即凸轮轴正时带轮的齿数是曲轴正时带轮齿数的 2 倍。

（一）气门传动组

气门传动组的作用是使气门按发动机配气相位规定的时刻及时开、闭，并保证规定的开启时间和开启高度。由于配气机构的布置形式多样，气门传动组的差别也很大。

1. 凸轮轴

（1）凸轮轴结构

凸轮轴主要由各缸进排气凸轮、凸轮轴轴颈等组成，如图 2-1-2 所示。进排气凸轮用于使气门按一定的工作次序和配气相位及时开闭，并保证气门有足够的升程。

项目二　CNG新能源客车发动机配气机构的构造与维修

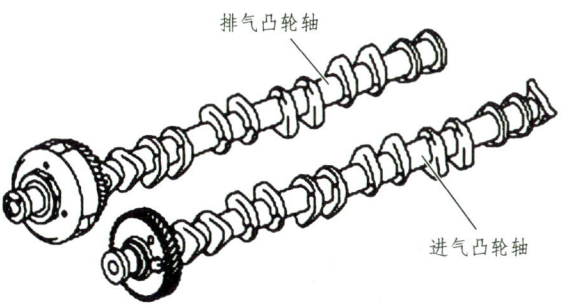

（a）直列6缸双凸轮轴顶置式（DOHC）用凸轮轴

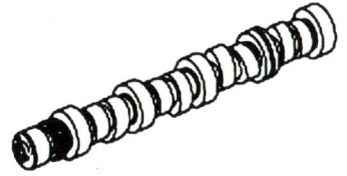

（b）直列4缸单凸轮轴顺置式（SOHC）用凸轮轴

图 2-1-2　凸轮轴的结构

（2）凸轮轴驱动方式

凸轮轴的旋转是依靠曲轴带动的，一般采用链条驱动式或正时齿带驱动式，特殊的赛车用发动机使用的是正时齿轮驱动式。

① 链条驱动式（见图 2-1-3）。凸轮轴位于气缸盖上，由曲轴带动的曲轴链轮，通过正时链条驱动凸轮轴上的链轮旋转，从而带动凸轮轴旋转。链条导槽和链条张紧装置将张力传递至链条，以调节链条的张紧度。

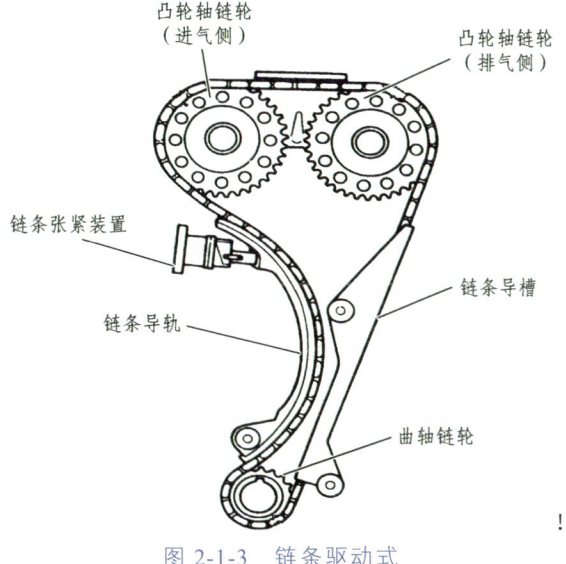

图 2-1-3　链条驱动式

② 正时齿带驱动式（见图 2-1-4）。由于正时齿带是由强度大、不易变形的纤维和橡胶制成，具有质量轻、无噪声，不需要润滑等优点，所以被广泛使用。

③ 齿轮驱动式（见图 2-1-5）。齿轮驱动式是在曲轴和凸轮轴之间用齿轮将曲轴的旋转传递到凸轮轴的驱动形式，具有传动准确性更高、高速时可靠性强等优点；但制造精度高，成本高，现在仅限于在赛车发动机上使用。

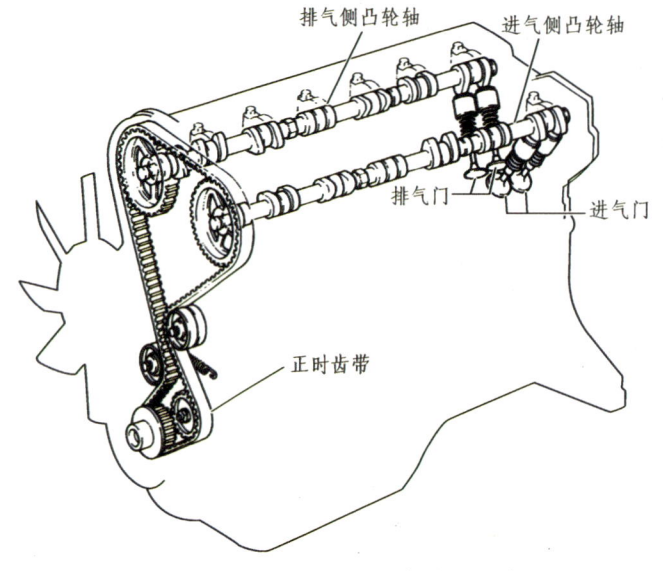

图 2-1-4　正时齿带驱动式　　　　　图 2-1-5　齿轮驱动式

（3）凸轮轴安装位置与配气机构类型

根据凸轮轴安装位置的不同，可将配气机构分成以下几种类型。

① 下置凸轮轴配气机构

下置凸轮轴配气机构是指进、排气门安装在气缸盖上，而凸轮轴安装在气缸体下部的配气机构，如图 2-1-6 所示。

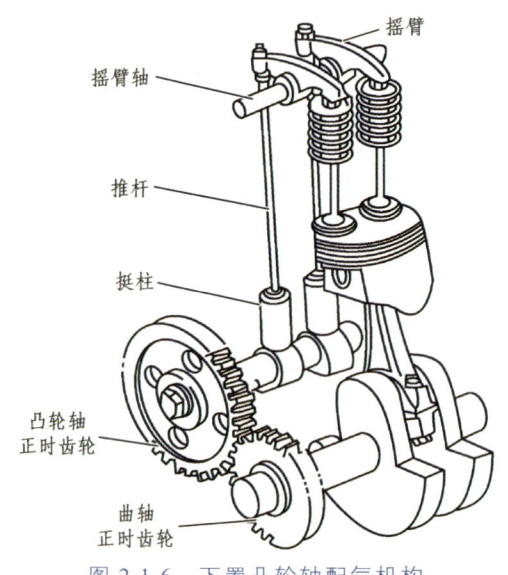

图 2-1-6　下置凸轮轴配气机构

发动机工作时，曲轴通过正时齿轮驱动凸轮轴正时齿轮和凸轮轴旋转。当凸轮的凸起部位顶起挺柱时，经推杆和气门间隙调整螺钉推动摇臂绕摇臂轴摆动，压缩气门弹簧使气门开启。当凸轮的凸起部离开挺柱时，气门在气门弹簧力的作用下逐渐关闭。

下置凸轮轴配气机构特点是凸轮轴与曲轴位置靠近，可以简单地用一对齿轮传动，需要较长推杆、摇臂和摇臂轴等零部件，整个机构的刚度差，多用于转速较低的发动机，如货车用的柴油机等。

② 中置凸轮轴配气机构

中置凸轮轴配气机构是指进、排气门安装在气缸盖上，而凸轮轴安装在气缸体中上部的配气机构。中置凸轮轴配气机构的凸轮轴一般采用链条传动或正时齿带传动，采用短推杆或省去推杆，但需要摇臂和摇臂轴。

③ 单顶置凸轮轴式配气机构（SOHC）

单顶置凸轮轴式配气机构（Single Over Head Camshaft，SOHC）是通过一根凸轮轴驱使进、排气门动作，其特征是气门和凸轮轴都设置在气缸盖上。凸轮轴由正时链条或正时齿带驱动，不需要推杆，摇臂和摇臂轴可有可无。

a. 单顶置凸轮轴、无摇臂和摇臂轴配气机构，如图 2-1-7 所示。凸轮轴通过液压挺柱直接驱动气门开启，无摇臂轴和摇臂，气门排成一列。

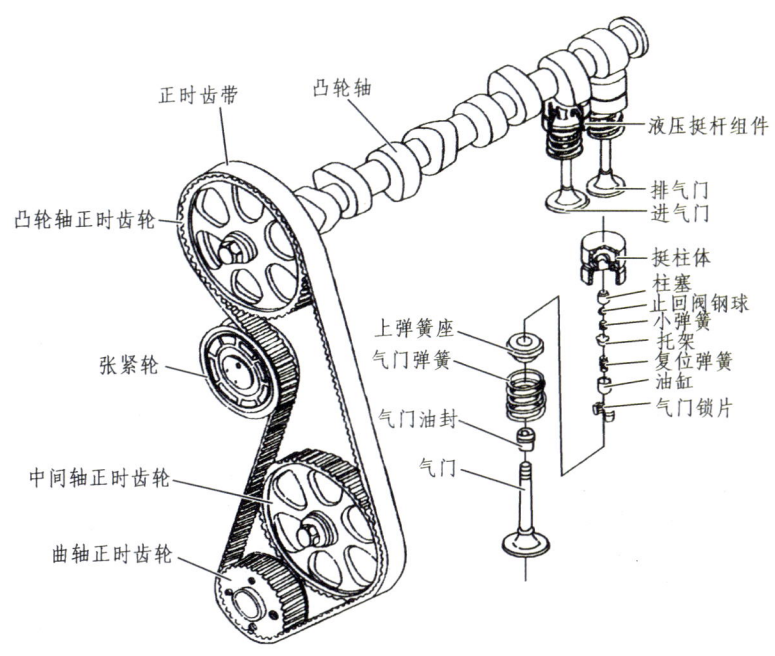

图 2-1-7　单顶置凸轮轴、无摇臂和摇臂轴配气机构

b. 单顶置凸轮轴、单摇臂和摇臂轴配气机构，如图 2-1-8 所示。凸轮轴通过摇臂直接驱动气门开启，气门排成两列。

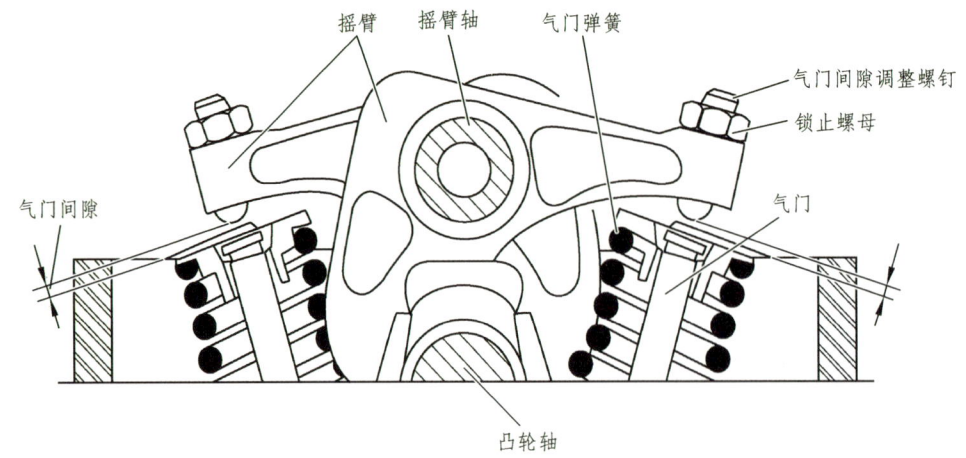

图 2-1-8　单顶置凸轮轴、单摇臂和摇臂轴配气机构

通常在发动机冷态装配时，在气门与其传动机构中，留有适当的间隙，以补偿气门受热后的膨胀量，这一预留间隙通常被称作气门间隙。为了能够检查与调整气门间隙，一般在摇臂（或挺柱）上装有调整螺钉及锁紧螺母。

c. 单顶置凸轮轴、双摇臂和摇臂轴配气机构，如图 2-1-9 所示。凸轮轴分别通过进气摇臂和排气摇臂驱动进气门和排气门开启，由于进、排气门排成两列，所以驱动进、排气门的进气摇臂和排气摇臂分别安装在各自的摇臂轴上。

d. 单顶置凸轮轴、有摇臂、无摇臂轴配气机构，如图 2-1-10 所示。凸轮轴位于摇臂上方，采用浮动式摇臂（只有摇臂而无摇臂轴），在摇臂上设有滚动轴承；摇臂与液压挺柱采用球面接触，并作为摇臂摆转的支点，气门排成一列。液压挺柱可以自动调整气门间隙（使气门间隙为 0），有效地降低了噪声，但结构复杂。

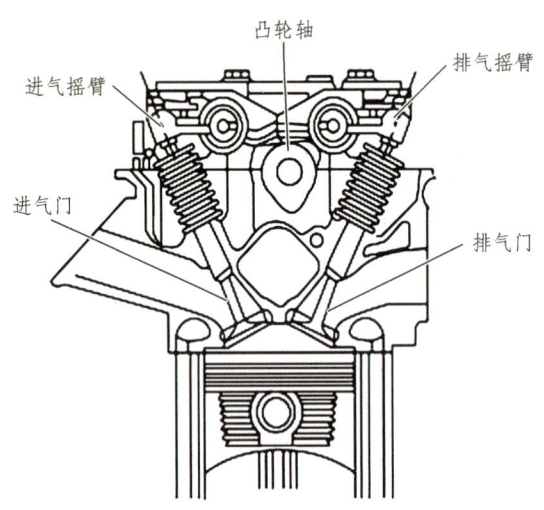

图 2-1-9　单顶置凸轮轴、双摇臂和
摇臂轴配气机构

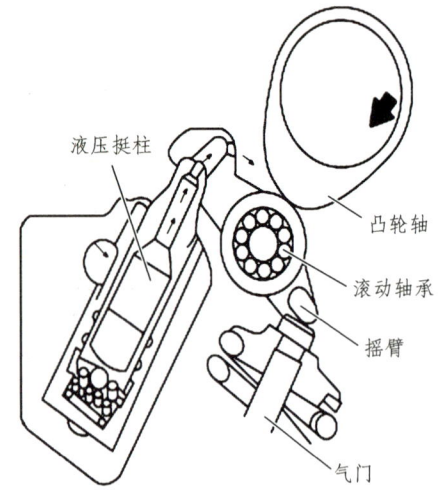

图 2-1-10　单顶置凸轮轴、有摇臂、
无摇臂轴配气机构

④ 双顶置凸轮轴式配气机构（DOHC）

如图 2-1-11 所示，双顶置凸轮轴式（Double Over Head Camshaft，DOHC）进、排气门分别由各自的凸轮轴控制（气门排成两列），凸轮轴直接驱动气门，也可通过摇臂间接驱动气门。具有摇臂长度短，质量轻，以及驱动气门的相关部件易于适应高转速等优点。

另外，由于进、排气凸轮轴是彼此相互独立的，所以增大了气门配置的自由度，火花塞可以设置在两根凸轮轴之间，即燃烧室的正中央。

（a）DOHC 式发动机进、排气门

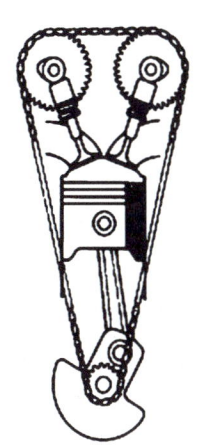
（b）DOHC 的传动机构

图 2-1-11　双凸轮轴顶置式配气机构（DOHC）

（4）凸轮轴正时定位

如采用一对正时齿轮传动，小齿轮和大齿轮分别用键安装在曲轴和凸轮轴的前端，其传动比为 2∶1。在装配曲轴和凸轮轴时，必须将齿轮正时标记对准，如图 2-1-12 所示，以保证正确的配气相位和点火时刻。

上置凸轮轴发动机的正时记号通常有两处，一处为曲轴正时记号，一处为凸轮轴正时记号。安装时，两处都必须对正，如图 2-1-13 和图 2-1-14 所示。

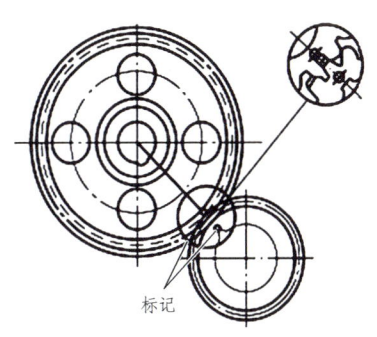
图 2-1-12　汽油机正时齿轮机构

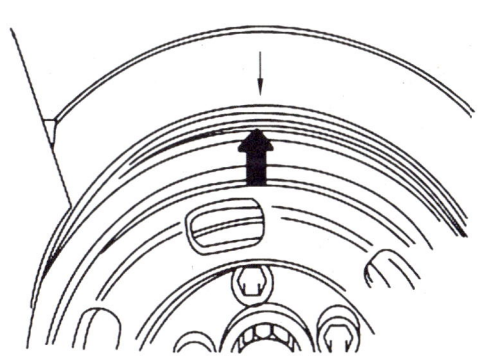
图 2-1-13　曲轴正时带轮上的正时标记对齐

2. 挺柱

挺柱的作用是将凸轮的推力传递给推杆或气门杆,并承受凸轮轴旋转时所施加的侧向力。挺柱可分为普通挺柱和液压挺柱两种。

(1) 普通挺柱

配气机构采用的普通挺柱有筒式和滚轮式两种结构形式,如图2-1-15所示。筒式挺柱中间为空心,在挺柱圆周钻有通孔,便于筒内收集的机油流出对挺柱底面及凸轮加以润滑;滚轮式挺柱可以减轻磨损,但结构较复杂,质量较大,多用于大缸径柴油机的配气机构上。

图 2-1-14 凸轮轴位置正时标记

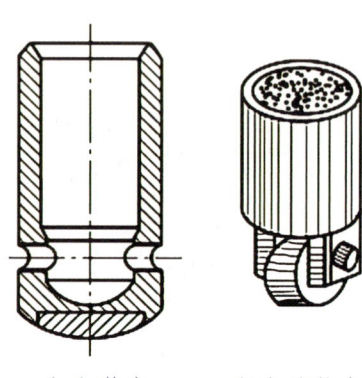

(a) 筒式　　(b) 滚轮式

图 2-1-15 普通挺柱

(2) 液压挺柱

传统汽车发动机普遍采用液压挺柱,液压挺柱的长度能自动调整,故不需要预留气门间隙,也没有气门间隙调整装置,如图2-1-16所示。液压挺柱由挺柱体、油缸、柱塞、单向球阀、单向球阀弹簧和柱塞弹簧等部件组成。

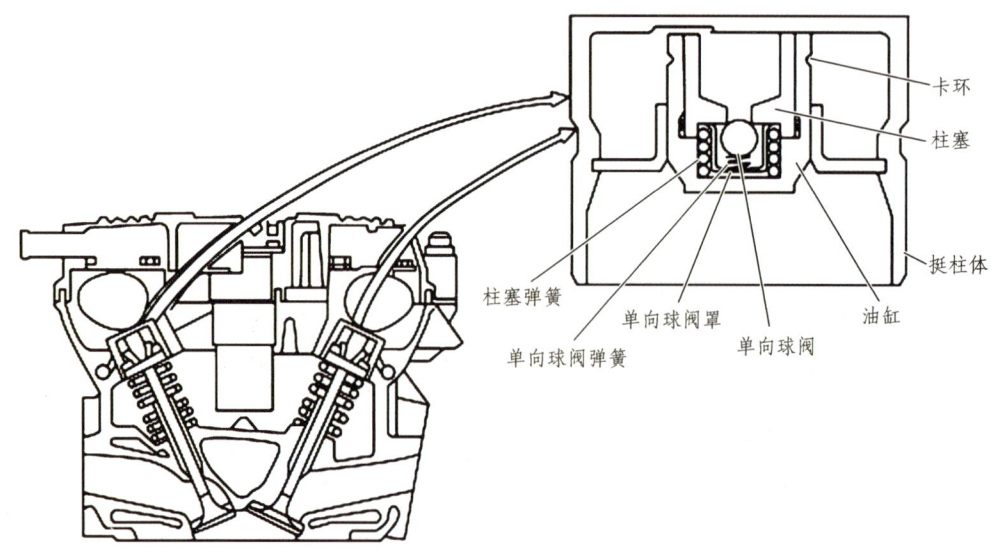

图 2-1-16 液压挺柱的结构

液压挺柱的工作原理如图 2-1-17 所示。当凸轮轴转动，凸轮的凸起部分与挺柱顶面接触时，挺柱在凸轮推动力作用下向下移动，高压腔内的机油被压缩，单向球阀在压力差和单向球阀弹簧的作用下关闭，高、低压油腔被分隔开。由于液体的不可压缩性，整个挺柱如同一个刚体一样下移推开气门并保证气门升程。

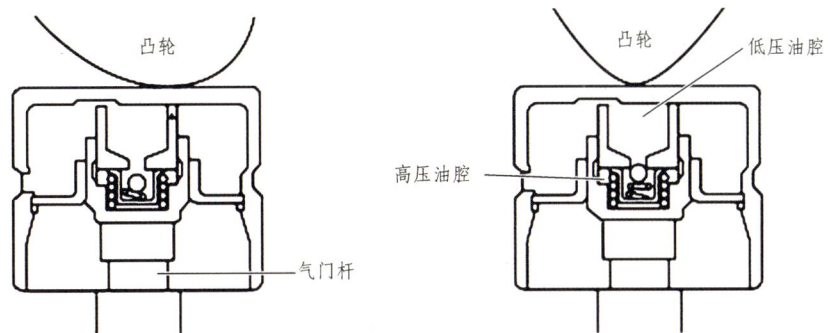

图 2-1-17　液压挺柱的工作原理

当挺柱开始上行返回时，在弹簧向上顶压和凸轮下压的作用下，高压油腔继续封闭，液压挺柱仍可认为是一个刚体，直至上行到凸轮处于基圆即气门关闭时为止。此时，气缸盖主油道中的机油经量孔、斜油孔和挺柱体上的环形油槽再次进入挺柱的低压油腔，由于挺柱不再受凸轮推动力和气门弹簧力的作用，高压油腔中的机油与回位弹簧推动柱塞上行，高压油腔的油压下降，单向球阀打开，低压油腔中的机油流入高压油腔，使两腔连通充满机油。这时，液压挺柱的顶面仍然和凸轮表面紧贴，从而起到了补偿气门间隙的作用。

当气门受热膨胀时，柱塞和油缸作轴向相对运动，高压油腔中机油可经过油缸与柱塞间缝隙被挤入低压油腔。因此使用液压挺柱时，可以不预留气门间隙。

3. 推　杆

在凸轮轴下置式或中置式的配气机构中，凸轮轴经挺柱传来的运动和作用力要通过推杆传递给摇臂。推杆可采用实心的，也可以采用空心的。推杆的结构形式如图 2-1-18 所示。

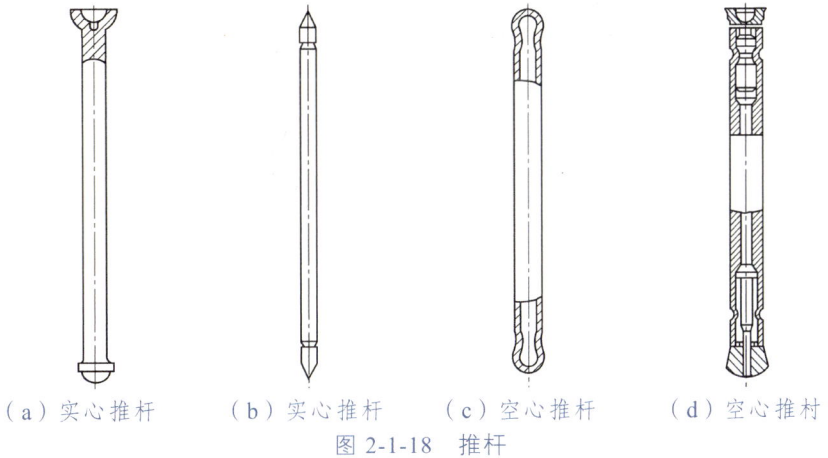

（a）实心推杆　　（b）实心推杆　　（c）空心推杆　　（d）空心推杆

图 2-1-18　推杆

4. 摇臂

摇臂的功用是将凸轮轴（或推杆）传来的力作用到气门杆尾部，推开气门。摇臂实际上是利用杠杆原理工作的，SOHC 和 DOHC 的不同之处在于摇臂轴位置不同，如图 2-1-19 所示。

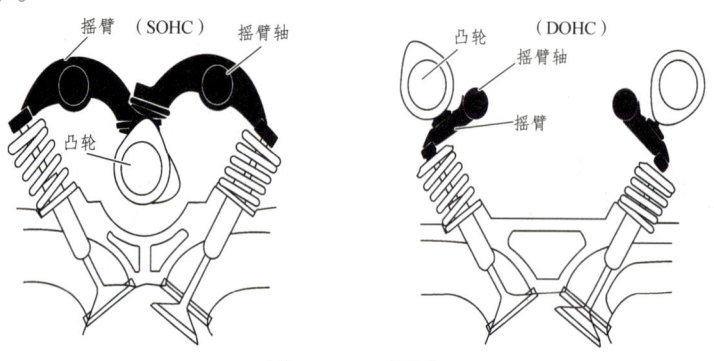

图 2-1-19 摇臂

二、配气相位及可变配气相位

（一）配气相位

用曲轴转角表示的进、排气门实际开闭时刻和开启持续时间，称为配气相位。通常用相对于上、下止点曲拐位置的曲轴转角的环形图来表示，这种图形称为配气相位图，如图 2-1-20 所示。

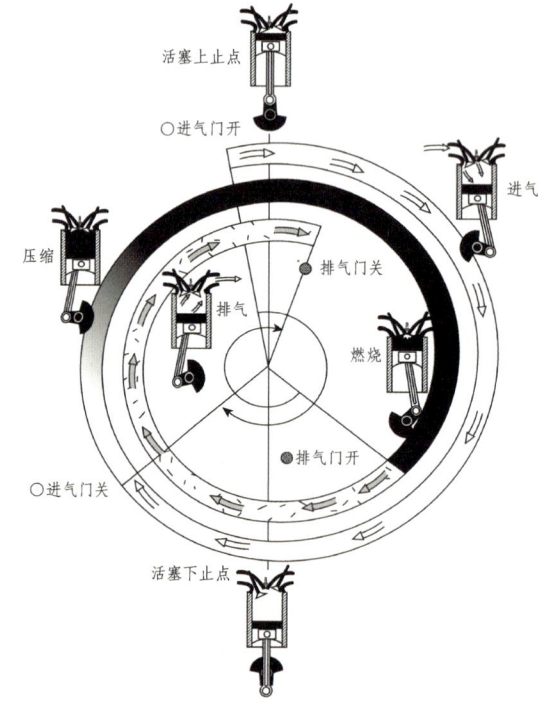

图 2-1-20 配气相位图

理论上，当曲拐处在上止点时，进气门开启，下止点时关闭；排气门则当曲拐在下止点时开启，上止点时关闭。进气时间和排气时间各占180°曲轴转角。但实际上发动机转速很高，活塞每一行程历时相当短，短的时间势必会造成进气不足和排气不净，从而使发动机功率下降。因此，现代发动机都采取延长进、排气时间的方法。

1. 进气门早开和晚关

在排气行程接近终了，活塞到达上止点之前，进气门便开始开启，直到活塞越过了下止点以后，进气门才关闭。进气门提前开启的目的是：保证进气行程开始时进气门已开大，降低进气阻力，新鲜气体能顺利地充入气缸；进气门迟后关闭目的是：由于活塞到达下止点时，气缸内压力仍低于大气压力，且气流还有相当大的惯性，可以利用气流惯性和压力差继续进气。

2. 排气门早开和晚关

在做功行程接近终了，活塞到达下止点之前，排气门便开始开启。直到活塞越过上止点后，排气门才关闭。排气门提前开启的目的是：当做功行程活塞接近下止点时，气缸内的气体压力对做功的作用已经不大，但仍比大气压力高，可利用此压力使气缸内的废气迅速地自由排出；排气门迟后关闭的目的是：由于活塞到达上止点时，气缸内的残余废气压力高于大气压力，加之排气时气流有一定的惯性，仍可以利用气流惯性和压力差把废气排放得更干净。

3. 气门叠开

由于进气门在上止点前即开启，而排气门在上止点后才关闭，这就出现了在一段时间内，进、排气门同时开启的现象，这种现象称为气门叠开。由于新鲜气流和废气流的流动惯性都比较大，在短时间内是不会改变流向的，因此只要气门叠开角选择适当，就不会有废气倒流入进气管和新鲜气体随同废气排出的可能性。

（二）可变配气相位

采用可变配气相位可以改善发动机的性能。发动机转速不同，要求不同的配气正时。这是因为，当发动机转速改变时，由于进气流速和强制排气时期的废气流速也随之改变，因此在气门晚关期间利用气流惯性增加进气和促进排气的效果将会不同。

例如，当发动机在低速运转时，气流惯性小，若此时配气正时保持不变，则部分进气将被活塞推出气缸，使进气量减少，气缸内残余废气将会增多。当发动机在高速运转时，气流惯性大，若此时增大进气迟后角和气门重叠角，则会增加进气量和减少残余废气量，使发动机的换气过程更完善。总之，四冲程发动机的配气正时应该是进气迟后角和气门重叠角随发动机转速的升高而加大。

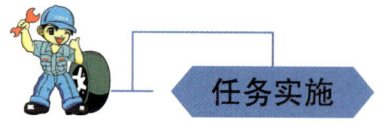

一、实训器材

（1）CNG 新能源客车一辆。

（2）其他工具及器材：举升机、组合工具、扭力扳手、螺丝刀、钳子、专用工具 Matra V159、转向盘护套、变速杆手柄套、座位套、脚垫、翼子板和前格栅磁力护裙等。

二、准备工作

（1）车辆进入工位前，将工位清理干净，准备好相关的器材。

（2）将车辆停驻在举升机中央位置。

（3）拉紧驻车制动器操纵杆，并将变速杆置于空挡位置。

（4）套上转向盘护套、变速杆手柄套和座位套，铺设脚垫。

（5）打开发动机机舱盖。

三、正时齿带的检查和更换

拆装发动机正时齿带相关部件，其分解图如图 2-1-21 所示。

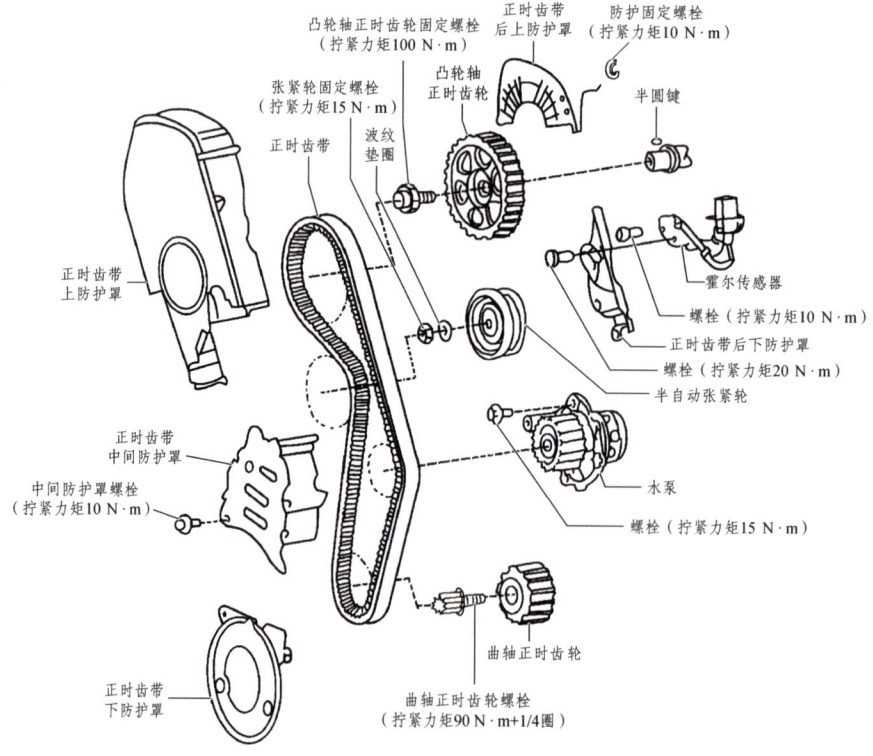

图 2-1-21　正时齿带及附件的分解图

1. 正时齿带的拆卸

（1）拆卸下发动机，将发动机安装在维修工作台上。

（2）拆卸空气压缩机 V 带。

（3）将曲轴转到第 1 缸的上止点位置，如图 2-1-22 箭头所示。

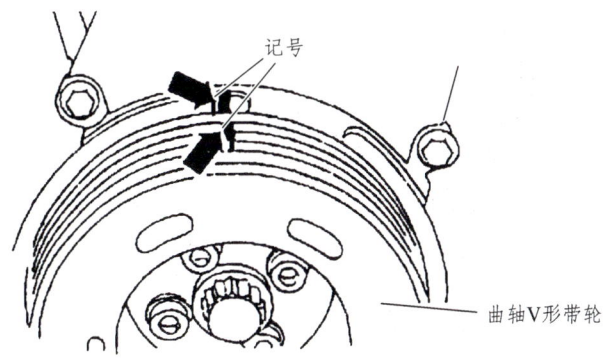

图 2-1-22　第 1 缸上止点记号

（4）拆卸正时齿带上防护罩。

（5）将凸轮轴正时齿轮上的标记（见图 2-1-23 中箭头所示）对准正时齿带防护罩上的标记。

（6）拆卸曲轴 V 带轮，如图 2-1-24 所示。

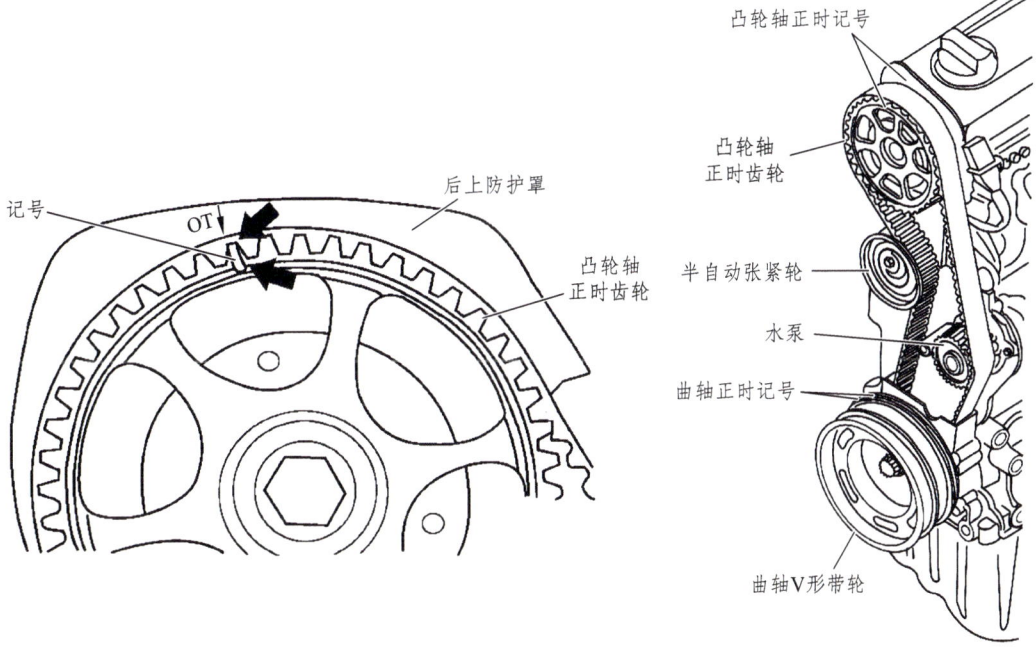

图 2-1-23　凸轮轴正时齿轮与正时齿带防护罩上的标记　　图 2-1-24　拆卸曲轴 V 带轮

（7）拆卸正时齿带中间及下防护罩。

（8）用粉笔等色笔在正时齿带上作好记号，检查正时齿带的磨损情况，不得有扭曲现象。

（9）松开半自动张紧轮并拆下正时齿带，如图 2-1-25 所示。

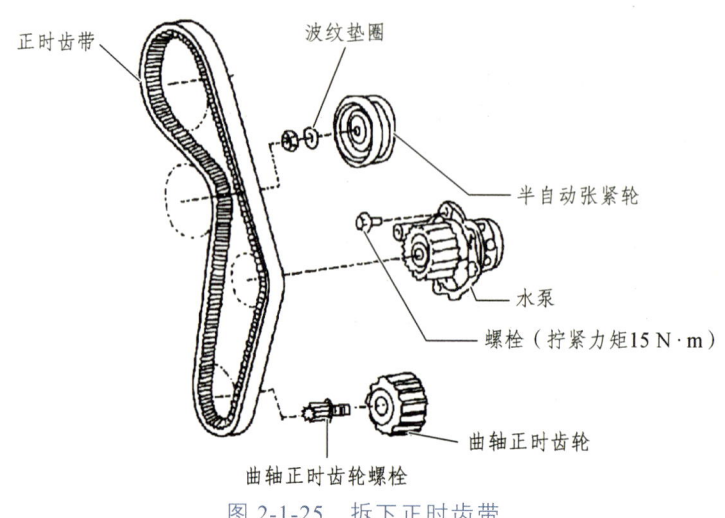

图 2-1-25　拆下正时齿带

2. 正时齿带的安装（调整配气相位）

在进行过与正时齿带相关的修理工作后，都要按下述步骤对正时齿带进行调整：

（1）转动凸轮轴，使曲轴不在上止点的位置，以免损坏气门及活塞。

（2）将凸轮轴正时齿轮上的标记（见图 2-1-23）对准正时齿带防护罩上的标记。

（3）检查曲轴正时齿轮上止点记号与参考标记是否对准（见图 2-1-22）。

（4）将正时齿带安装到曲轴正时齿轮和水泵上（见图 2-1-25），注意安装位置。

（5）将正时齿带安装到张紧轮和凸轮轴正时齿轮上。注意：半自动张紧轮的定位块（见图 2-1-26 箭头所示）必须嵌入气缸盖上的缺口内。

（6）将半自动张紧轮逆时针转动，直到可以使用专用工具 Matra V159 为止（见图 2-1-27 中箭头所示）。松开张紧轮，直到指针 1 位于缺口 2 下方约 10 mm 处。旋紧张紧轮，直到指针 1 和缺口 2 重叠，将张紧轮上锁紧螺母以 15 N·m 的力矩拧紧。

（7）用手转动曲轴，检查并调整。

（8）安装正时齿带下防护罩、曲轴 V 带轮、正时齿带上部和中间防护罩。

3. 半自动张紧轮的检查

当发动机前端位于维修工作台上，正时齿带已安装并张紧时，拆下正时齿带上防护罩，用拇指用力弯曲正时齿带，指针 2 应该移向一侧，如图 2-1-28 所示。当放松正时齿带时，张紧轮应该回到初始位置（缺口和指针重叠）。

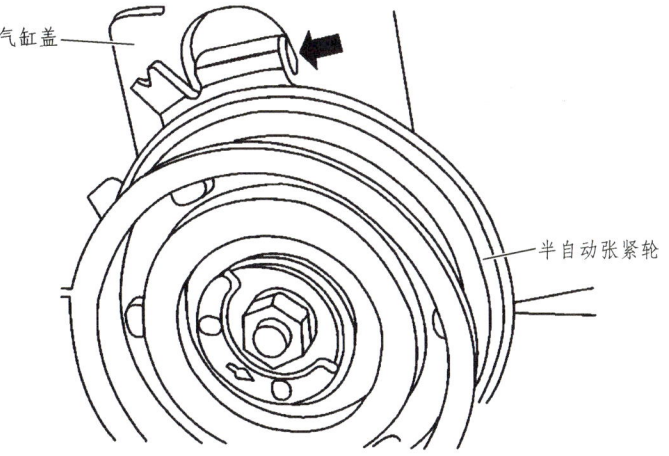

图 2-1-26　半自动张紧轮的位置

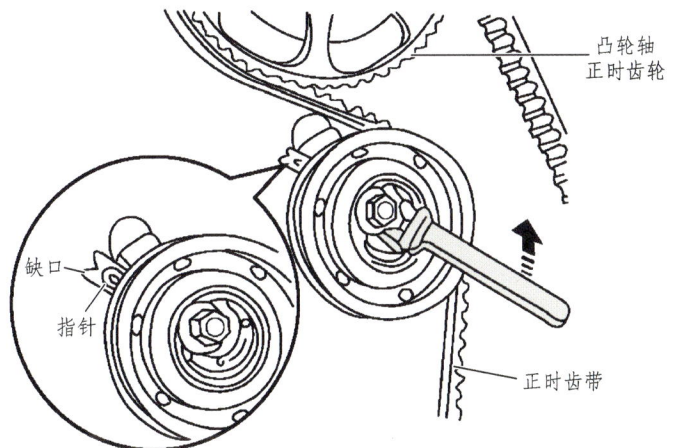

图 2-1-27　用专用工具安装半自动张紧轮

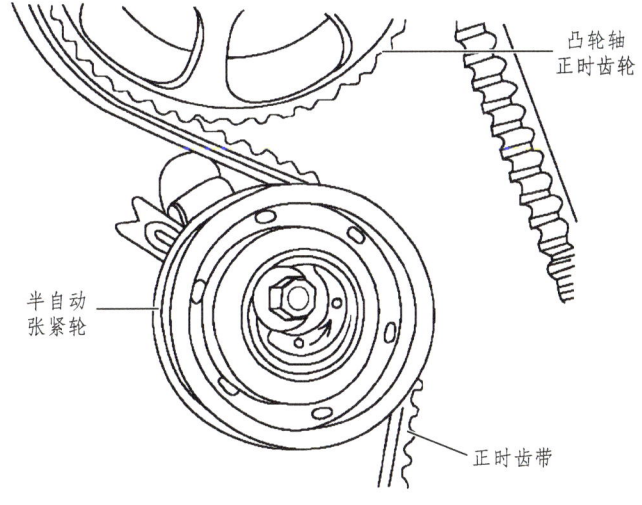

图 2-1-28　检查半自动张紧轮

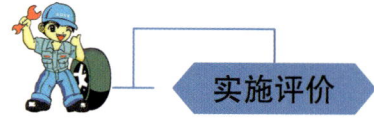

正时齿带检查记录表

车辆型号		学生姓名	
发动机型号		VIN 编号	

正时齿带更换评分表

考核项目	评分标准	分数	自评	互评	教师评价	小计
团队合作	是否协调	5				
活动参与	是否积极主动	5				
安全生产	有无安全隐患	10				
任务方案	是否正确、合理	15				
操作过程	是否规范、完整	40				
任务完成情况	是否圆满、完成	5				
工具和设备使用	是否规范、标准	10				
劳动纪律	是否严格遵守	5				
工单填写	是否完整、规范	5				
总分		100				

任务二　CNG新能源客车发动机气门间隙的检查与调整

（1）掌握气门间隙的检查方法。
（2）掌握厚薄规的使用方法。
（3）掌握气门间隙的调整方法。

有一辆CNG新能源客车在发动机起动后，气门处发出"咔咔"声。经初步诊断，为发动机气门间隙过大导致。

一、气门组

气门及其相关零件称之为气门组,气门组的作用是确保气缸的密封。配置一根气门弹簧的标准型的气门组,如图 2-2-1 所示。

(一)气 门

1. 气门结构

气门的功用是与气门座相配合,对气缸进行密封。气门由头部和杆部两部分组成,如图 2-2-2 所示。头部用来封闭气缸的进、排气道,杆部用来为气门的运动起导向作用。

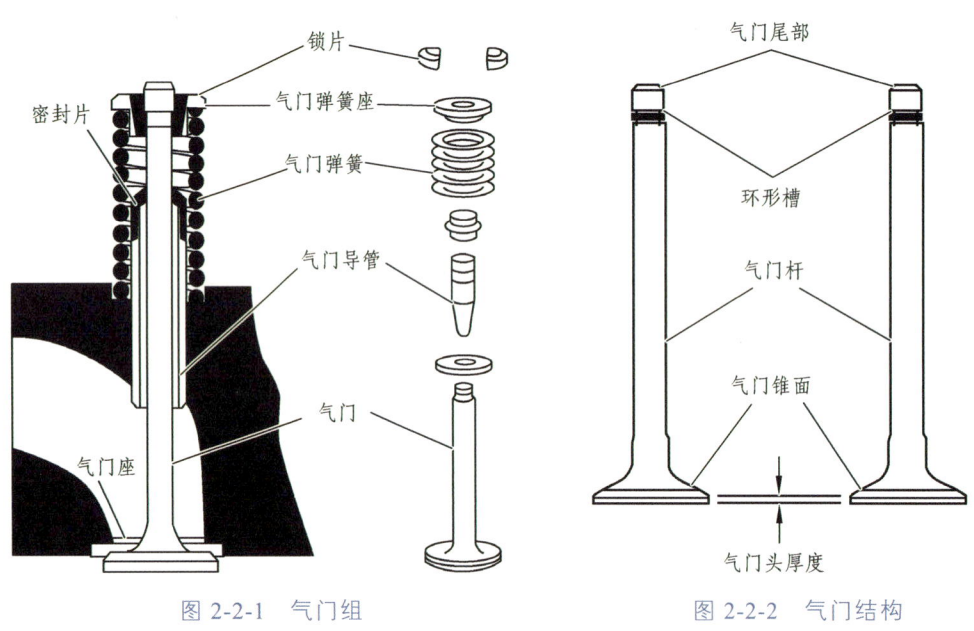

图 2-2-1 气门组　　　　　　　图 2-2-2 气门结构

(1)气门头部

气门头部的形状有平顶、喇叭形顶和球面顶,如图 2-2-3 所示。使用最多的是平顶气门头部,进、排气门均可采用。喇叭形顶头部适用于进气门,球面顶气门头部适用于排气门。

气门头部与气门座圈接触的工作面,是与杆部同心的锥面,通常将这一锥面与气门顶部平面的夹角称为气门锥角,如图 2-2-4 所示,一般做成 30°或 45°。

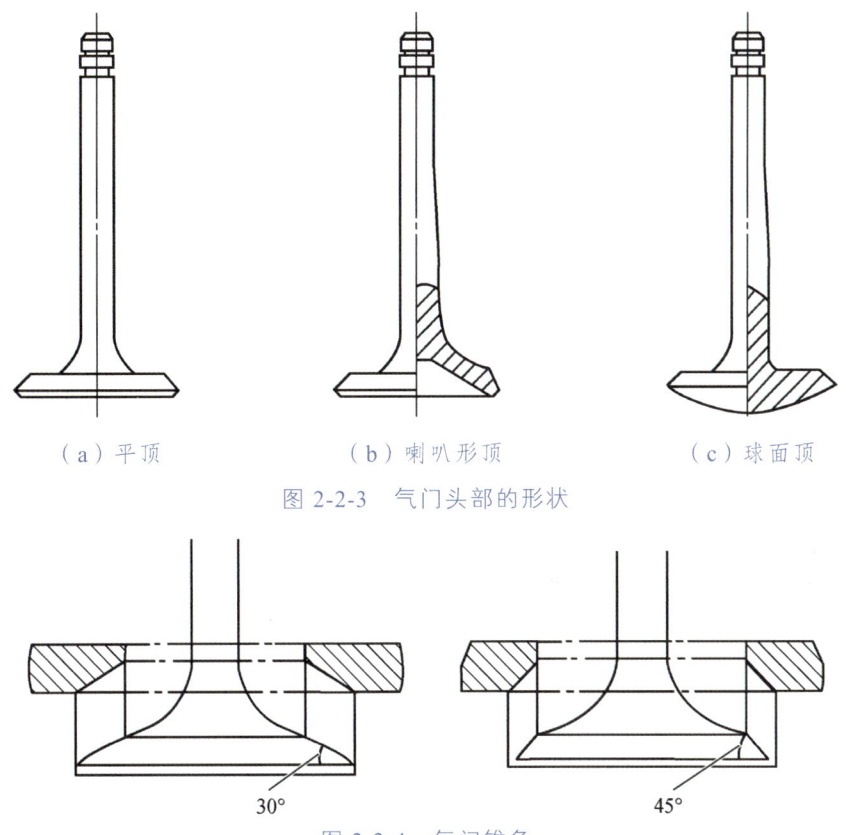

(a) 平顶　　　　　　（b) 喇叭形顶　　　　　　（c) 球面顶

图 2-2-3　气门头部的形状

图 2-2-4　气门锥角

进气阻力比排气阻力对发动机性能的影响大得多，为尽量减小进气阻力，一般进气门的尺寸略大于排气门，这是因为进气是利用活塞下移产生的真空来实现的，进气门大些，可提高进气效率；而排气是通过活塞上升将废气排出的，排气门即使是小一些也不会造成太大的影响。

（2）气门杆

气门杆是圆柱形，在气门导管中不断上、下往复运动。气门杆尾部结构取决于气门弹簧座的固定方式，常见的结构形式如图 2-2-5 所示。

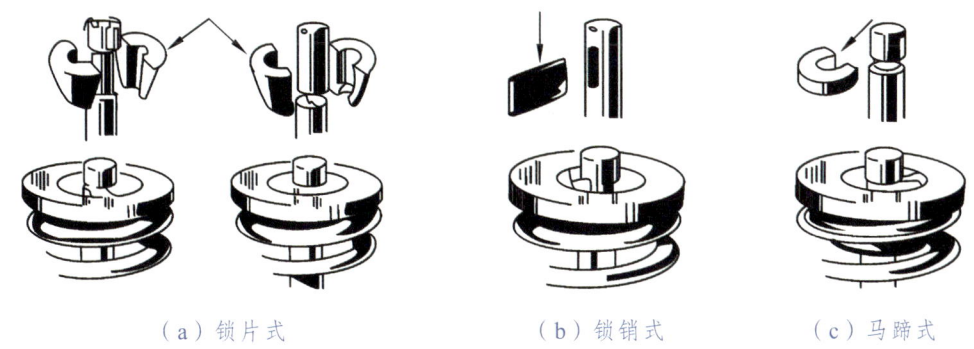

（a) 锁片式　　　　　　（b) 锁销式　　　　　　（c) 马蹄式

图 2-2-5　气门弹簧座的固定方式

2. 气门数

在短时间内能够将尽量多的气体吸入和排出，在很大程度上影响着发动机的整体性能。从气门在有限制的燃烧室表面积中所占的面积来看，与具有两个气门的气缸相比，进排气门越多，则气门面积之和就越大，进、排气效率越高，而且可以使单个气门的体积减小，质量减轻。但气门数越多，结构越复杂，成本越高。

（1）2气门式

如图 2-2-6 所示，每个气缸采用一个进气门和一个排气门，一般进气门比排气门大些。

（2）3气门式

如图 2-2-7 所示，每个气缸有 2 个进气门和 1 个排气门，排气门大对排出高温气体有利，能提高发动机排气性能。

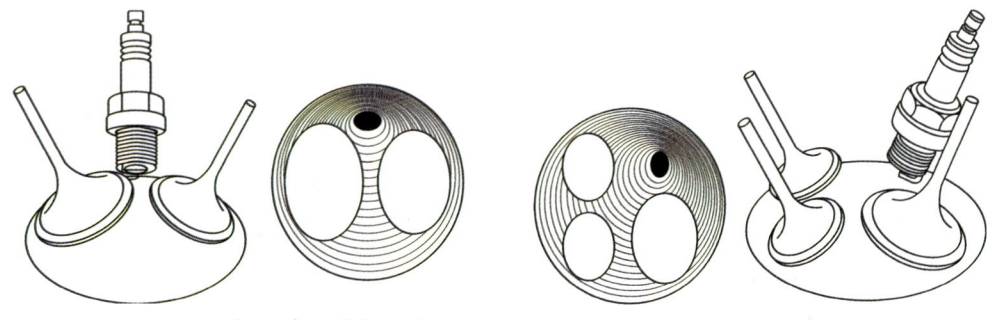

图 2-2-6　2气门式的结构形式　　　图 2-2-7　3气门式的结构形式

（3）4气门式

如图 2-2-8 所示，每个气缸有 2 个进气门和 2 个排气门，两套凸轮轴装置分别控制一组进、排气门的开闭。

（4）5气门式

每个气缸有 3 个进气门和 2 个排气门，并呈梅花状分布，如图 2-2-9 所示。

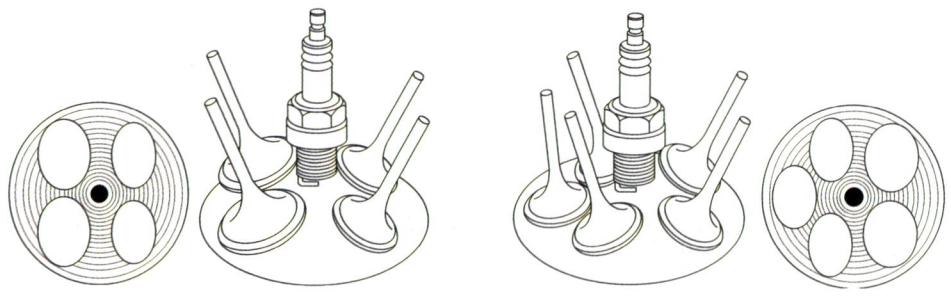

图 2-2-8　4气门式的结构形式　　　图 2-2-9　5气门式的结构形式

（二）气门座

气缸盖上的进、排气道与气门锥面相结合的部位称为气门座（见图 2-2-10），气门座的锥角和气门锥角相同，一般也是 30° 或 45°。气门座不仅有密封作用，还起到了冷却气门的作用。

项目二　CNG新能源客车发动机配气机构的构造与维修

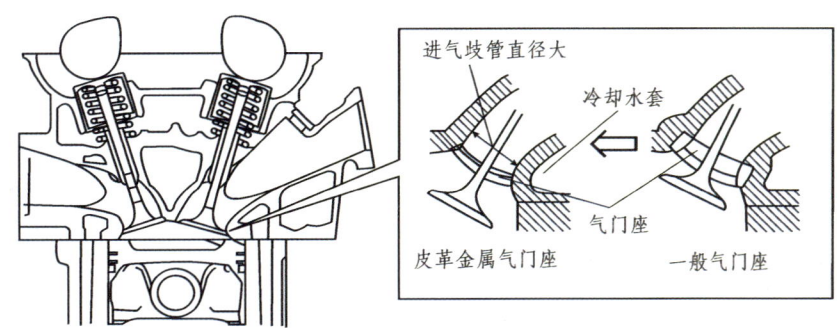

图 2-2-10　气门座

（三）气门导管

如图 2-2-11 所示，气门导管的功用是为气门的运动导向，保证气门做直线往复运动，使气门与气门座能正确贴合。气门杆与气门导管之间一般留有 0.05～0.12 mm 的间隙，使气门杆能在导管中自由运动。

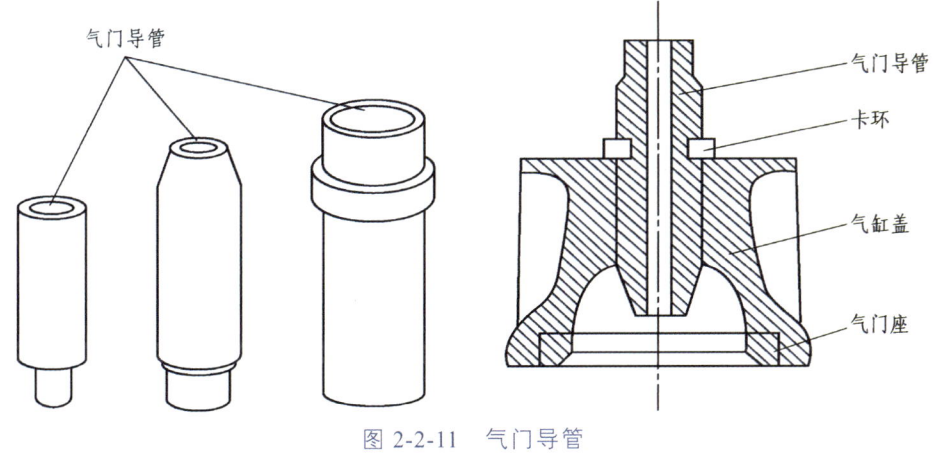

图 2-2-11　气门导管

（四）气门弹簧

气门弹簧的功用保证气门及时落座并与气门座或气门座圈紧密贴合，同时也可防止气门在发动机振动时因跳动而破坏密封。

气门弹簧多为圆柱形螺旋弹簧，如图 2-2-12（a）所示，安装时，气门弹簧的一端支撑在气缸盖上，而另一端则压靠在气门杆尾端的弹簧座上，弹簧座用锁片固定在气门杆的末端。为了防止弹簧发生共振，可采用变螺距的圆柱形弹簧，如图 2-2-12（b）所示。大多数高速发动机有一个气门同心安装内、外两根气门弹簧，如图 2-2-12（c）所示，这样不但可以防止共振，而且当一根弹簧折断时，另一根仍可维持工作。此外，还能降低气门弹簧的高度。当装用两根气门弹簧时，气门弹簧的螺旋方向和螺距应各不相同，这样可以防止折断的弹簧圈卡入另一个弹簧圈内。

87

 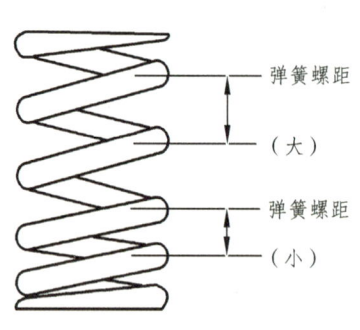 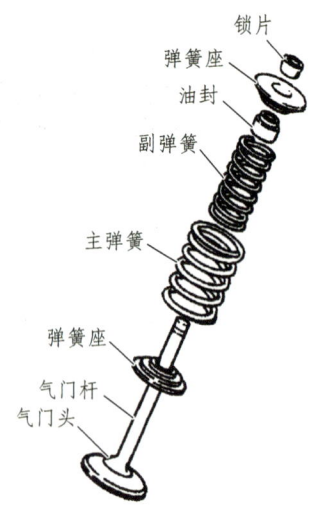

（a）圆柱形螺旋弹簧　　　（b）变螺距的圆柱形弹簧　　　（c）双气门弹簧

图 2-2-12　气门弹簧

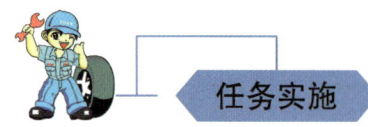

一、实训器材

（1）厚薄规，如图 2-2-13 所示。

（2）其他工具及器材：举升机、组合工具、扭力扳手、一字形螺丝刀、转向盘护套、变速杆手柄套、座位套、脚垫等。

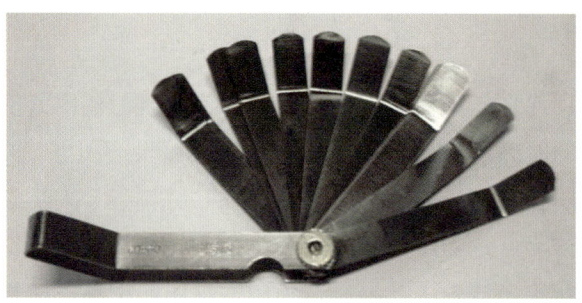

图 2-2-13　厚薄规

二、准备工作

（1）车辆进入工位前，将工位清理干净，准备好相关的器材。

（2）将车辆停驻在举升机中央位置。

（3）拉紧驻车制动器操纵杆，并将变速杆置于空挡位置。

（4）套上转向盘护套、变速杆手柄套和座位套，铺设脚垫。

三、气门间隙的检查与调整

注意：车辆通常每2万千米（或24个月）应检查和调整气门间隙，且在发动机冷态时调节。气门间隙过小，将影响汽油机的机动性，并因排气漏气而大大缩短氧传感器及三元催化转换器的寿命。气门间隙过大，产生噪声，加剧磨损，影响气门组件寿命。

（1）拆卸气缸盖罩上装饰盖的螺栓，如图2-2-14所示，取下装饰盖。

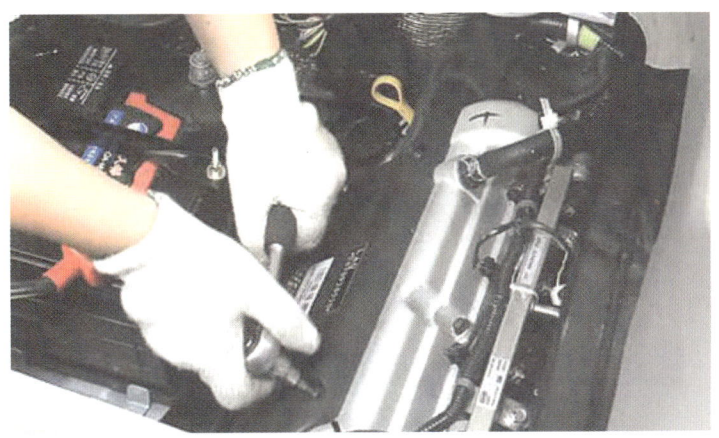

图2-2-14 拆卸装饰盖上的螺栓

（2）拔下各缸的点火高压线，如图2-2-15所示。

图2-2-15 拔下各缸的点火高压线

（3）拆下气缸盖罩上的固定螺栓，如图2-2-16所示。

（4）取下气缸盖罩露出配气机构，如图2-2-17所示。

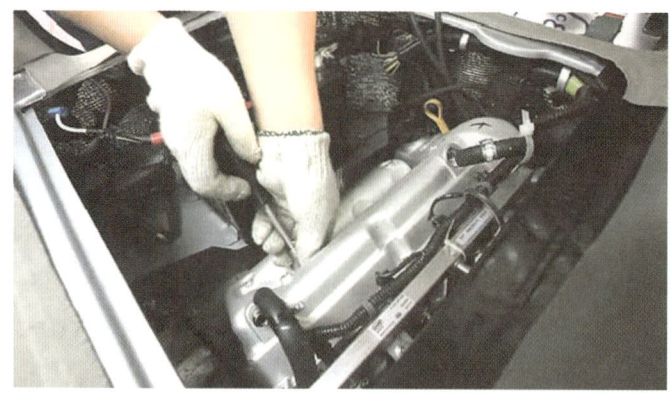

图 2-2-16　拆下气缸盖罩上的固定螺栓

图 2-2-17　取下气缸盖罩露出配气机构

（5）转动曲轴，使第 1 缸活塞处于压缩上止点位置。方法是：转动曲轴链轮，将曲轴链轮的凹槽与气缸体正时三角标记对准。检查凸轮轴正时链轮的"0"标记是否与正时链上的正时标记对准，如果未对准，则将曲轴旋转一周（360°），此时第 1 缸应处于压缩上止点位置，如图 2-2-18 所示。

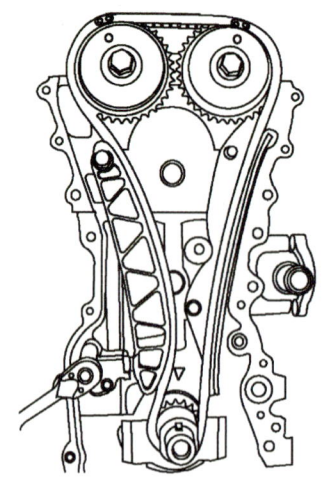

图 2-2-18　第 1 缸活塞处于压缩上止点位置

（6）利用"双排不进"对应 1—3—4—2 顺序逐个进行检查，即可检查与调整的气门为 1 缸（双：两个气门可调）、3 缸（排：排气门可调）、4 缸（不：两气门不可调）和 2 缸（进：进气门可调）。检查方法为：用厚薄规插入气门顶柱与凸轮之间来回拉动（见图 2-2-19），感到有轻微阻力为宜，转动曲轴 360°（第 4 缸处于压缩上止点位置），检查其他气门间隙。进气门间隙（冷态）应为 0.075 ~ 0.125 mm；排气门间隙（冷态）应为 0.245 ~ 0.295 mm。如果间隙不对，应进行调整。

图 2-2-19　检查气门间隙

（7）调整时，用扳手拧松锁紧螺母，再用一字螺丝刀转动调整螺钉，用厚薄规检查气门间隙，直到将气门间隙调整到合适为止，如图 2-2-20 所示。然后再拧紧锁紧螺母。

图 2-2-20　调整气门间隙

（8）安装气缸盖罩上的固定螺栓，紧固气缸盖罩上的固定螺栓力矩至 8 ~ 12 N·m，如图 2-2-21 所示。

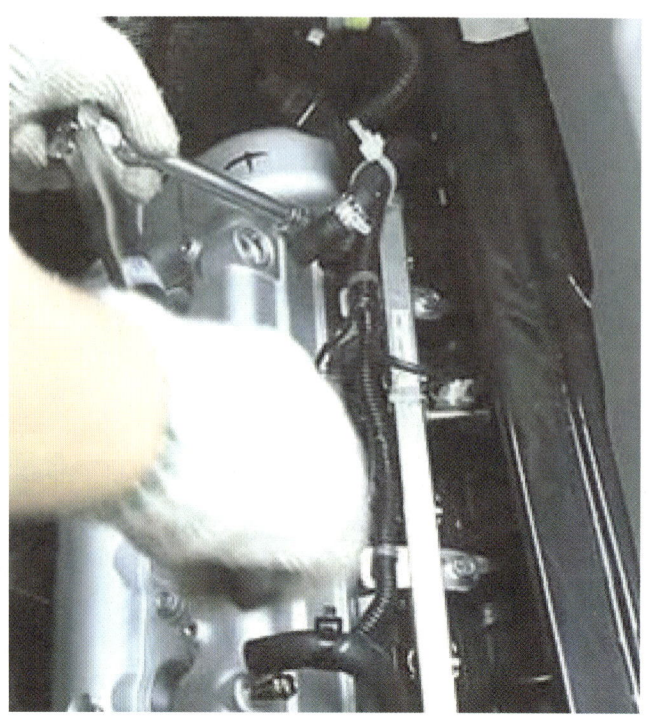

图 2-2-21 紧固气缸盖罩上的固定螺栓

（9）插入各缸点火高压线，如图 2-2-22 所示。

（10）安装气缸罩盖上的装饰盖，紧固气缸罩盖上的装饰盖的螺栓，如图 2-2-23 所示。

（11）将驾驶员侧座椅和乘客座椅复位。

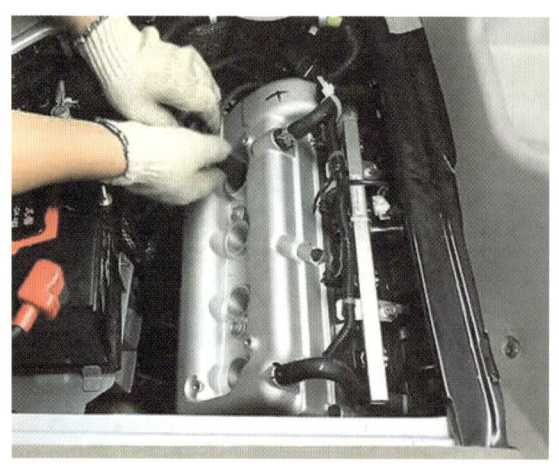 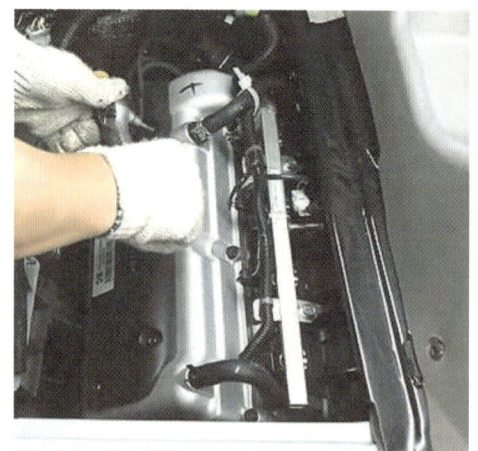

图 2-2-22 插入各缸点火高压线　　图 2-2-23 紧固气缸罩盖上的装饰盖的螺栓

项目二　CNG新能源客车发动机配气机构的构造与维修

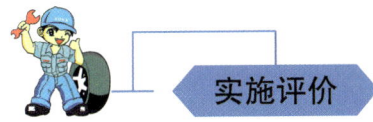

气门间隙检查与调整记录表

车辆型号		学生姓名	
发动机型号		VIN编号	

93

气门间隙检查与调整评分表

考核项目	评分标准	分数	自评	互评	教师评价	小计
团队合作	是否协调	5				
活动参与	是否积极主动	5				
安全生产	有无安全隐患	10				
任务方案	是否正确、合理	15				
操作过程	是否规范、完整	40				
任务完成情况	是否圆满、完成	5				
工具和设备使用	是否规范、标准	10				
劳动纪律	是否严格遵守	5				
工单填写	是否完整、规范	5				
总分		100				

项目三

CNG 新能源客车发动机燃料供给系统的构造与维修

任务一 CNG 新能源客车发动机燃料供给系统认知

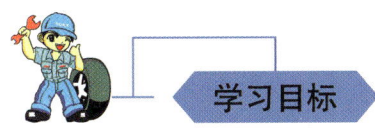

（1）掌握 CNG 新能源客车发动机燃料供给系的功用及工作原理。
（2）掌握 CNG 新能源客车发动机燃料供给系统的组成。

一辆 CNG 新能源客车在行驶途中发动机出现"放炮"现象，经班组长诊断为 CNG 发动机燃料供给系故障，需对其进行检修。

一、CNG 新能源客车发动机燃料供给系统的作用及组成

（一）CNG 发动机燃料供给系统的功用

CNG 发动机燃料供给系统的功用是将根据发动机工况和负荷的变化，将压缩天然气降至正常压力，与空气混合，配制出一定浓度和数量的混合气，并将其送入气缸，将燃烧后的废气排出缸外。

（二）CNG 发动机燃料供给系统的组成

CNG 发动机燃料供给系统主要由 CNG 供给装置，混合气形成装置，发动机控制系统及进、排气装置等组成，如图 3-1-1 所示。

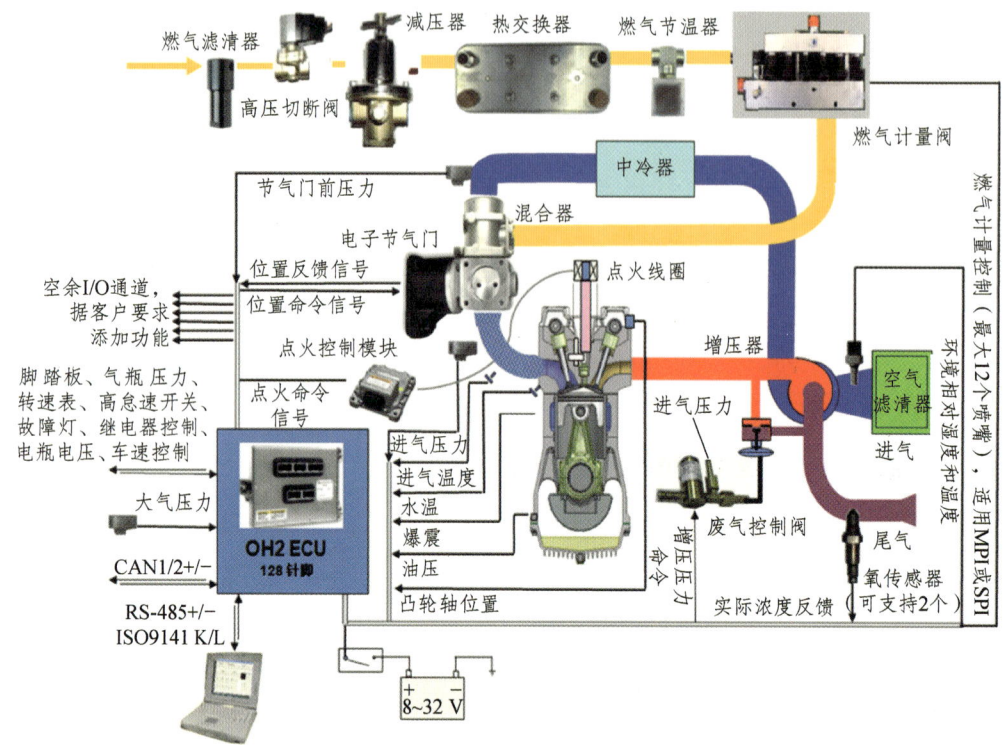

图 3-1-1　CNG 发动机燃料系统的组成

二、CNG 发动机燃料供给系统的工作原理

（一）车用压缩天然气技术要求

国家标准化管理委员会发布了车用压缩天然气技术标准 GB18047—2017，技术标准共 6 项 20 条内容，对车用压缩天然气进行了技术性规范。

1. 车用压缩天然气的存储与使用

（1）压缩天然气的储存容器应符合 TSGR 0004 或 GB/T 19158 的有关规定。车用压缩天然气钢瓶应符合 GB/T 17258 的有关规定。

（2）在操作压力和温度下，车用压缩天然气中不应存在液态烃。

（3）车用压缩天然气中固体颗粒直径应小于 5 μm。

（4）车用压缩天然气应具有可以察觉的臭味。无臭味或臭味不足的天然气应加臭。加臭剂的最小量应符合：当天然气泄漏到空气中，达到爆炸下限的 20% 浓度时，应能被察觉的标准。加臭剂常用具有明显臭味的化合物配制。

（5）车用压缩天然气在使用时，应考虑其抗燥性能。

（6）车用压缩天然气在使用时，应考虑其沃泊指数（华白指数），同一地区的压缩天然气，其燃气类别宜应保持不变。

2. 车用压缩天然气的检验

（1）车用压缩天然气的取样按 GB/T13609 标准要求进行。

（2）正常生产时，必须每天对产品水含量进行检测，以确保压缩天然气中不存在液态水。

（3）在下列情况下，车用压缩天然气产品应按本标准规定的技术要求进行全面检测：

① 初次投入生产时；

② 正常生产时，定期或积累一定产量后；

③ 工艺发生重大变化时；

④ 检验结果与上次全面检验有较大差异时。

（二）CNG 发动机燃料供给系统的工作原理

CNG 发动机燃料供给系统工作基本原理如图 3-1-2、3-1-3 所示。高压的压缩天然气（一般为 20 MPa）从储气钢瓶出来，经过天然气滤清器过滤后，经高压电磁阀进入

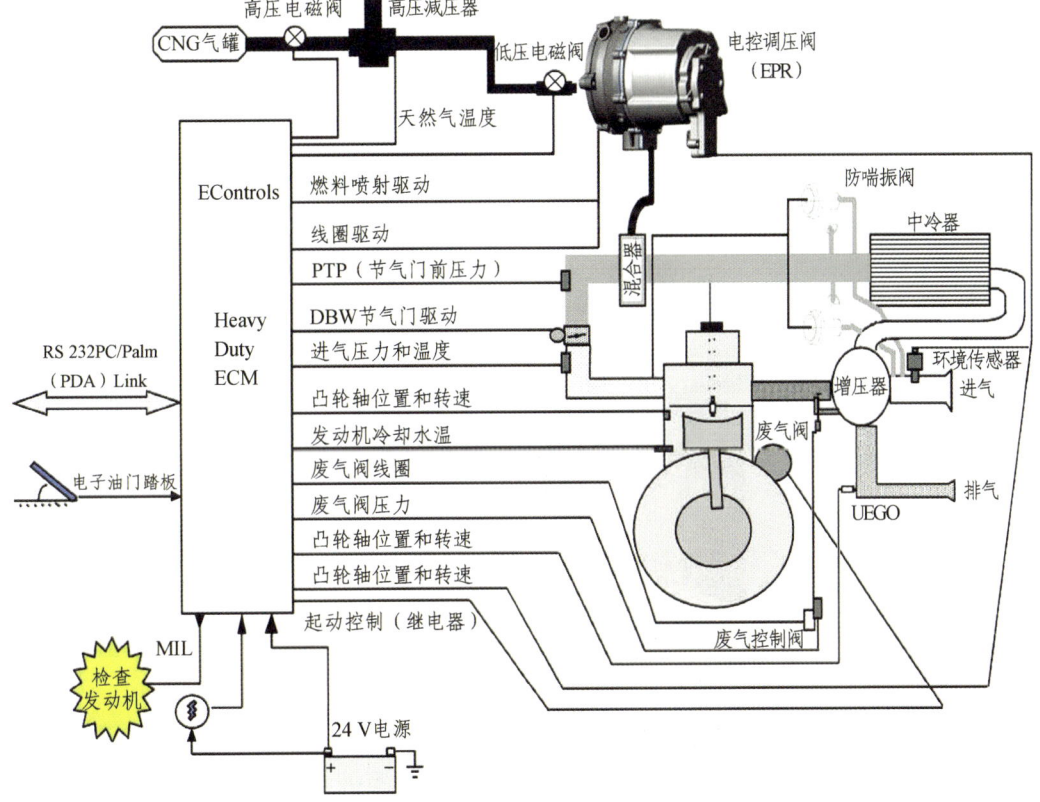

图 3-1-2　CNG 发动机燃料供给系统工作基本原理

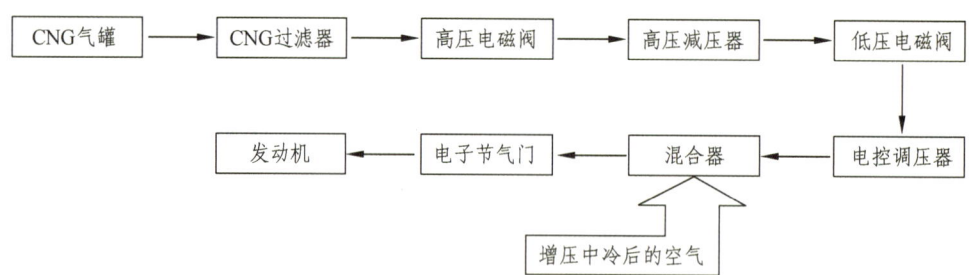

图 3-1-3 CNG 发动机燃料供给系统工作流程图

高压减压器，高压电磁阀的开合由 ECM 控制。高压减压器的作用是将高压的压缩天然气经过减压加热将压力调整至 0.7 MPa ~ 0.9 MPa。高压天然气在减压过程中由于减压膨胀，需要吸收大量的热量，为防止减压器结冰，从发动机将发动机冷却液引出到减压器对燃气进行加热。经减压后的天然气进入电控调压器，电控调压器的作用是根据发动机运行工况精确控制天然气喷射量。天然气与空气在混合器内充分混合，进入发动机缸内，经火花塞点燃进行燃烧，火花塞的点火时刻由 ECM 控制，氧传感器即时监控燃烧后的尾气的氧浓度，推算出空燃比，ECM 根据氧传感器的反馈信号和控制 MAP 及时修正天然气喷射量。

三、CNG 供给装置的结构与组成

CNG 供给装置主要由高压储气瓶、高压电磁阀、高压减压器、低压电磁阀、电控调压器、电子节气门、混合器等组成，如图 3-1-4 所示。

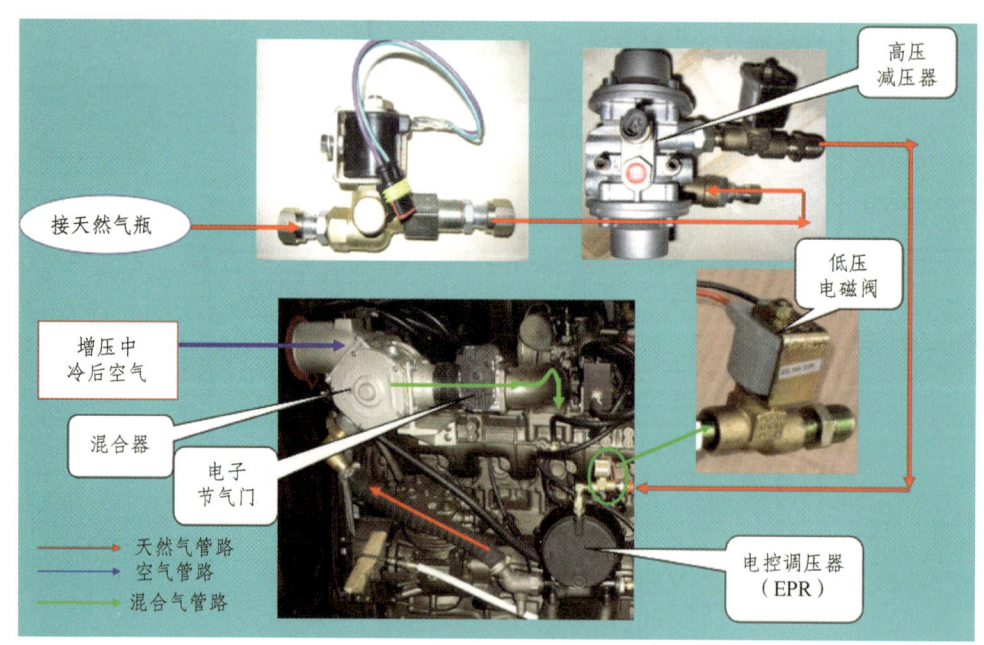

图 3-1-4 CNG 发动机燃料供给系统

1. 高压储气瓶

CNG 高压储气瓶（以下简称"气瓶"）是 CNG 客车重要的专用部件，如图 3-1-5 所示。

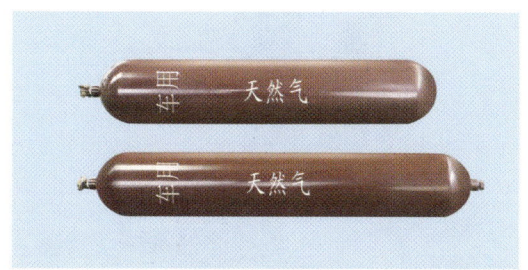

图 3-1-5　CNG 高压储气瓶

车用气瓶的储气压力一般为 20 MPa，过高的储气压力反而会导致气瓶容积效率比的下降及加气站运行费用的升高。CNG 高压储气瓶分为四类，第一类是钢或铝合金金属瓶（NGV2—1）；第二类是钢或铝内衬加筒身"环箍缠绕"树脂浸渍长纤维加固的复合材料气瓶（NGV2—2）；第三类是钢或铝内衬加"整体缠绕"树脂浸渍长纤维加固的复合材料气瓶（NGV2—3）；第四类是塑料内衬加"整体缠绕"树脂浸渍长纤维加固的复合材料气瓶。其使用特性见表 3-1-1。

表 3-1-1　车用压缩天然气储气瓶装置

类别	钢质气瓶	复合材料气瓶		
		钢或铝内衬加环向缠绕复合材料气瓶	钢或铝内衬加纵、环向缠绕复合材料气瓶	塑料内衬加纵、环向缠绕复合材料气瓶
优点	价格便宜	价格较便宜	有一定价格优势，外形尺寸变化比较灵活	耐腐蚀性能好外形尺寸灵活，安全性好
缺点	笨重，外形尺寸不易变化，耐腐蚀性差	较重，外形尺寸变化比较困难，耐腐蚀性差	耐腐蚀性差，价格稍高	价格较高
适用范围	大型车等	大型车辆	大中型车	各型车辆

我国目前主要使用的是钢质气瓶，该类瓶生产成本较低，安全耐用，容积率高，但重容比大、重量大。钢瓶性能必须符合 GB17258—2011《汽车用压缩天然气钢瓶》的要求。

2. 高压电磁阀

如图 3-1-6 所示，高压电磁阀的作用是及时切断或恢复燃料供给。由线圈驱动的阀芯和壳体组成。线圈由 ECM 控制其开启或关闭，停机状态下处于常闭状态。为有效防止高压电磁阀进气接头与高压电磁阀结合部位漏气，安装该接头时，必须使用螺纹密封胶，并且锁紧接头使铜垫略有变形，进行有效密封。

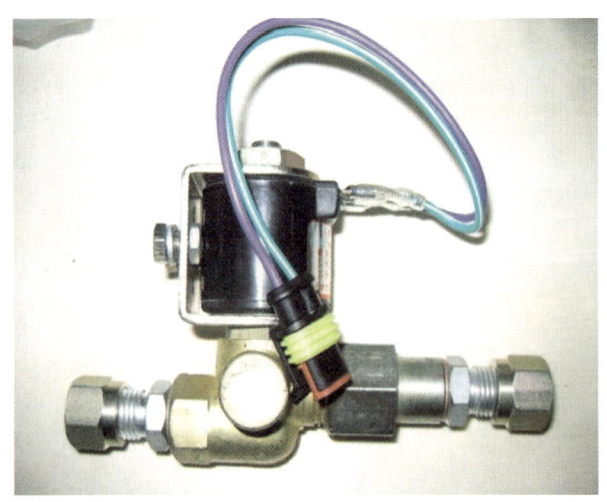

图 3-1-6　高压电磁阀

3. 高压减压器

如图 3-1-7 所示，高压减压器的作用是通过节流和加热，使高压的压缩天然气减压至 7~9 bar（1 bar = 100 kPa）的低压天然气。通过压力膜片克服弹簧阻力，带动杠杆，调整节流孔的流通面积，从而控制减压后的天然气压力。

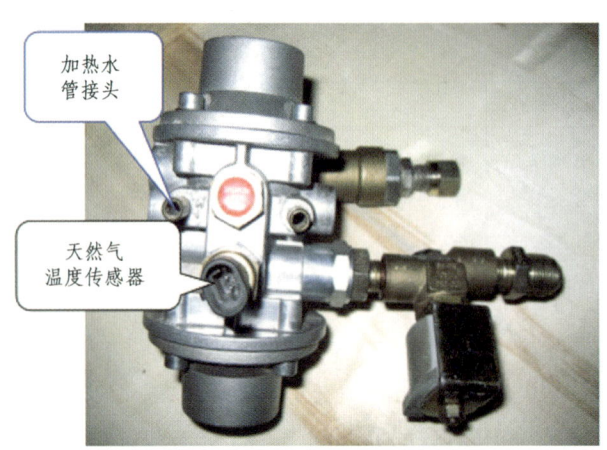

图 3-1-7　高压减压器

高压减压器在安装时，必须要注意以下几点：

（1）减压器进气接头螺纹部分必须使用螺纹密封胶，并且使用铜垫进行密封。

（2）减压器出气接头使用 O 形圈进行密封，减压器出气接头与低压电磁阀、低压电磁阀与电磁阀出气接头均采用锥螺纹连接，安装时必须使用螺纹密封胶有效密封。

（3）高压减压器通过两根水管与发动机的冷却水循环水路连通，安装水管时务必锁紧环箍，以免漏水。

（4）高压减压器必须通过一根压力反馈管与进气管连接，目的是根据工况控制调压器出口压力。

（5）减压调节器应安装在靠近发动机进气管和振动较小的位置，但不能直接安装在发动机上。所以减压调节器必须安装在车辆（底盘）大梁上。

4. 低压电磁阀

如图 3-1-8 所示，低压电磁阀由线圈驱动阀芯，由 ECM 控制开合，停机状态下处于常闭状态。低压电磁阀的作用是及时切断或恢复燃料供给。为有效防止高压电磁阀进气接头与高压电磁阀结合部位漏气，安装该接头时，必须使用螺纹密封胶有效密封，并要求安装在电控调压器上面。

图 3-1-8　低压电磁阀

5. 电控调压器（EPR 阀）

如图 3-1-9 所示，电控调压器（EPR 阀）的作用是控制天然气的喷射量。该总成内部有一控制芯片，该控制芯片接收来自 ECM 的控制指令，通过高速电磁阀控制天然气气量，从而达到实时有效控制空燃比的目的。

图 3-1-9　电控调压器（EPR 阀）

该总成内部有控制芯片，应避免高频振动。该零件自带减振软垫，切勿随意拆卸。电控调压器出气口中心水平高度不能低于混合器进气口中心高度，电控调压器天然气出气口离混合器天然气进气口距离要求控制在 500 mm 以内，目的是让天然气中的杂质流到混合器中随空气进入缸内燃烧掉，保持 EPR 阀内的清洁，并且保持天然气的供给响应速度。

6. 混合器

如图 3-1-10 所示，混合器的作用是将天然气和中冷后的空气充分混合，使燃烧更充分、柔和。有效降低 NO_x 的排放和排气温度。调压器出气管安装在混合器天然气入口处，安装时锥螺纹部分必须使用螺纹密封胶密封以防止漏气。

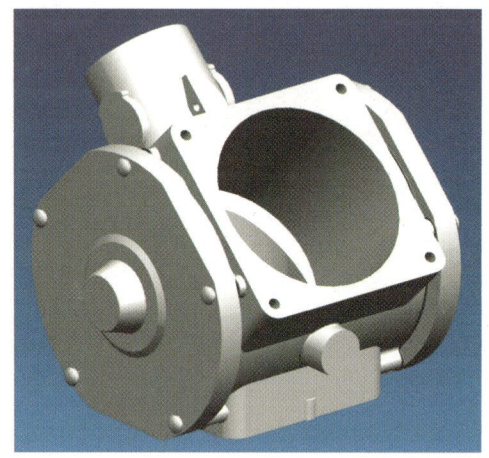

图 3-1-10　混合器

7. 电子节气门

图 3-1-11 所示为电子节气门。驾驶员通过油门踏板，将动力需求传送给 ECM，ECM 接收到油门踏板信号后，根据发动机运行工况控制电子节气门的开度，从而控制进入缸内的混和气的量，以达到控制发动机转速和负荷的目的。

图 3-1-11　电子节气门

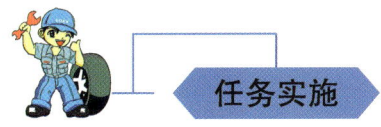 任务实施

1. CNG新能源客车发动机燃料供给系统认知

参照CNG新能源客车发动机实物,明确CNG供给装置其主要部件的所在的位置,明确其作用,完善下表内容。

机构系统	功　用
高压储气瓶	
高压电磁阀	
高压减压器	
低压电磁阀	
低压电磁阀	
电子节气门	
混合器	

2. 简述CNG发动机燃料供给系统工作基本原理

名　称	工作原理
CNG发动机燃料供给系统	

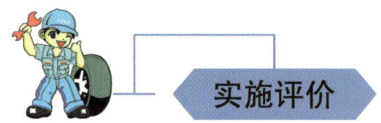

实施评价

CNG 新能源发动机燃料供给系统认知记录表

车辆型号		学生姓名	
发动机型号		VIN 编号	

CNG 新能源发动机燃料供给系统认知评分表

考核项目	评分标准	分数	自评	互评	教师评价	小计
团队合作	是否协调	5				
活动参与	是否积极主动	5				
安全生产	有无安全隐患	10				
任务方案	是否正确、合理	15				
操作过程	是否规范、完整	40				
任务完成情况	是否圆满、完成	5				
工具和设备使用	是否规范、标准	10				
劳动纪律	是否严格遵守	5				
工单填写	是否完整、规范	5				
总分		100				

任务二　CNG新能源客车发动机混合器膜片的更换

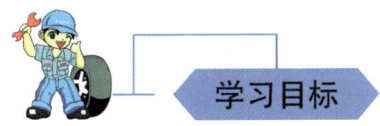

（1）掌握 CNG 新能源客车发动机混合气浓度对发动机工作的影响。
（2）掌握 CNG 新能源客车发动机燃料供给系的控制原理。
（3）掌握 CNG 新能源客车发动机混合器膜片的更换。

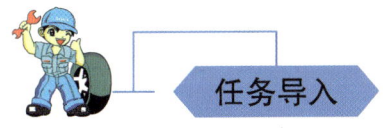

驾驶员小王驾驶准备起动一辆 CNG 新能源客车出车，却发现发动机无法打着起动，经检查电路部分正常，经班组长诊断为发动机燃料供给系的混合器膜片损坏，需对其进行更换。

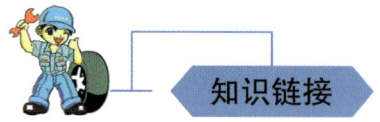

一、可燃混合气的形成及浓度表示方法

CNG新能源客车发动机工作时，气缸内燃烧的是可燃混合气体。可燃混合气体是天然气和空气按一定比例在混合器中混合而成。工作过程为：压缩天然气经减压后，通过气管输送至混合器，与由进气系统进入的空气混合，形成可燃混合气，再输送至气缸燃烧。

可燃混合气中天然气含量的多少称为可燃混合气浓度，通常用过量空气系数（α）或空燃比（R）来表示。

1. 过量空气系数

指燃烧过程中 1 kg 燃料实际供给的空气质量（kg）与 1 kg 燃料理论上完全燃烧所需要的空气质量（kg）之比，即：

$$\alpha = \frac{\text{燃烧1kg燃料实际所需的空气质量}}{\text{理论上完全燃烧1kg燃料所需的空气质量}}$$

由上面的定义可知：无论使用何种燃料，若 $\alpha=1$，称为标准混合气；若 $\alpha>1$，称为稀混合气；若 $\alpha<1$，称为浓混合气。

2. 空燃比

空燃比 R 是可燃混合气中空气质量与燃油质量的比值，即：

$$R = \frac{\text{空气质量(kg)}}{\text{燃油质量(kg)}}$$

理论上，1 kg 天然气完全燃烧需要空气 17.2 kg，即空燃比为 17.2。这种空燃比混合气称为理论混合气。若空燃比小于 17.2，称为浓混合气；空燃比大于 17.2，称为稀混合气。需要注意的是，不同燃料的理论空燃比值是不一样的。

二、可燃混合气浓度对CNG新能源客车发动机工作的影响

可燃混合气浓度对 CNG 新能源客车发动机的动力性和经济性有很大影响，具体可以通过实验的进行测试。通过改变天然气供给量，得出相应的发动机功率和油耗曲线，如图 3-2-1 所示。

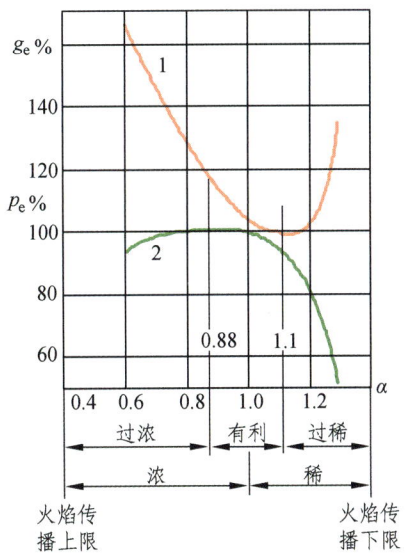

图 3-2-1　CNG 发动机功率和油耗曲线

当 $\alpha=1$ 时，理论上能够完全燃烧的混合气，其中所含的氧气正好使全部燃料燃烧完毕。

当 $\alpha>1$ 时，实际上可以完全燃烧的混合气，其中所含的氧气能保证燃料全部燃烧完毕。

当 $\alpha<1$ 时，混合气中燃料不能保证完全燃烧，但由于燃料分子密集，火焰传播快，发动机的平均有效压力和功率大。

当可燃混合气太稀（$\alpha \geqslant 1.4$）以及太浓（$\alpha \leqslant 0.4$）时，虽能点燃，但火焰无法传播，导致发动机运转不稳定，直至熄火。

简单归纳可燃混合气浓度对 CNG 新能源客车发动机工作性能的影响见表 3-2-1。

表 3-2-1　可燃混合气浓度对 CNG 新能源客车发动机性能的影响

混合气种类	空气过量系数	发动机功率	耗油率	性能
火焰传播上限	0.4			混合气不燃烧，发动机不工作
过浓混合气	0.43～0.87	减小	激增	燃烧室积炭、排气管冒黑烟、放炮
功率混合气	0.88	最大	增大；10%～15%	输出最大功率
标准混合气	1.0	减小 2%	增大 4%	
经济混合气	1.11	减小 8%	最小	
过稀混合气	1.13～1.33	显著减小	显著增大	回火、发动机过热、加速性变坏
火焰传播下限	1.4			混合气不燃烧，发动机不工作

三、CNG 新能源客车发动机混合器的结构组成

CNG 新能源客车发动机混合器的主要作用是将空气和天然气按一定比例混合，形成一定浓度的可燃混合气，并能根据发动机转速和负荷的变化，增减混合气的供应量，以适应发动在起动、怠速、加速等不同运行工况下正常运行的需要。

混合器主要由壳体、膜片、阀芯等组成，如图 3-2-2 所示。混合器一端与减压调节器相连接，另一端与发动机进气歧管相连接，其外观如图 3-2-3 所示。

图 3-2-2　混合器的组成　　　　　图 3-2-3　混合器实物外观

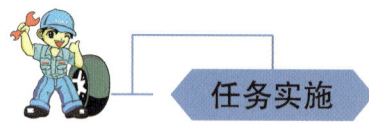

一、实训器材

混合器、无腐蚀性清洗剂、T25 专用梅花螺丝刀（见图 3-2-4）、PH1 十字螺丝刀、棉纱等。

图 3-2-4　T25 专用梅花螺丝刀

二、实施步骤

(1)如图 3-2-5 所示,使用 T25 专用梅花螺丝刀拆下混合器膜片罩的 12 颗紧固螺钉,并妥善保管螺钉。

(2)如图 3-2-6 所示,小心取下混合器膜片罩、调节弹簧和膜片总成,并妥善保管弹簧。

图 3-2-5 拆下膜片罩紧固螺钉

图 3-2-6 取下膜片罩后调节弹簧、膜片总成

(3)如图 3-2-7 所示,使用无腐蚀性清洁剂对混合器腔室内部进行清洁,重点对燃料空气阀阀座进行清洗。

图 3-2-7 清洁混合器腔室

(4)将混合器内的清洗剂擦拭干净。

(5)如图 3-2-8 所示,仔细检查阀座的磨损情况,如出现严重的磨损沟槽,需更换混合器总成,同时将胶管两侧的卡箍拆掉。

图 3-2-8　检查阀座的磨损情况

（6）如图 3-2-9 所示，使用无腐蚀性的清洁剂对混合器膜片总成进行清洁，重点清洁燃料空气阀内部的导向槽和压力反馈孔。

图 3-2-9　清洁导向槽和压力反馈孔

（7）如图 3-2-10 所示，将膜片总成上的清洁剂擦拭干净。

图 3-2-10　将膜片总成上的清洁剂擦拭干净

（8）如图 3-2-11 所示，仔细检查膜片上有无破损，燃料空气阀导向槽磨损情况，以及阀芯密封垫使用情况。如果膜片出现破损，需更换新膜片。

图 3-2-11　检查膜片

（9）如图 3-2-12 所示，使用 PH1 十字螺丝刀拆下膜片总成上的 4 颗紧固螺钉，并妥善保管；再取下膜片压板和膜片，如图 3-2-13 所示。

图 3-2-12　拆下紧固螺钉

图 3-2-13　取下膜片压板和膜片

（10）如图 3-2-14 所示，安装膜片时应注意安装方向，安装时先将膜片的凸边与压板的凹槽紧密结合；然后再将新膜片安装在燃料空气阀上，如图 3-2-15 所示。

图 3-2-14　膜片压板放置在膜片上

图 3-2-15　新膜片安装在燃料空气阀上

（11）如图 3-2-16 所示，将 4 颗紧固螺钉涂上适量的胶水，安装在燃料空气阀上并紧固。

（12）如图 3-2-17 所示，将膜片对上光照，观察 4 个压力反馈孔是否通畅。

图 3-2-16　拧紧紧固螺钉

图 3-2-17　观察压力反馈孔

（13）如图 3-2-18 所示，将膜片总成放置于混合器壳体上，旋转膜片总成，使膜片的 6 个安装孔与混合器壳体上的 6 个螺孔对齐，该膜片的定位位置是唯一的。

图 3-2-18　膜片定位安装孔与混合器壳体螺纹孔对齐

（14）将弹簧放在膜片总成中心弹簧座上，如图 3-2-19 所示；盖上混合器膜片罩，拧紧混合器膜片罩上的紧固螺钉，如图 3-2-20 所示。

图 3-2-19　弹簧放置在膜片总成的弹簧座上

图 3-2-20　拧紧紧固螺钉

（15）如图 3-2-21 所示，组装完成后，用手指在混合器出口按照图中箭头方向端推动膜片总成 3 次。能轻松推动，且放开手后膜片总成自动回位，则正常。膜片总成不能推动、推动困难或者膜片总成推动后不能完全回位，则需重新组装混合器零部件。

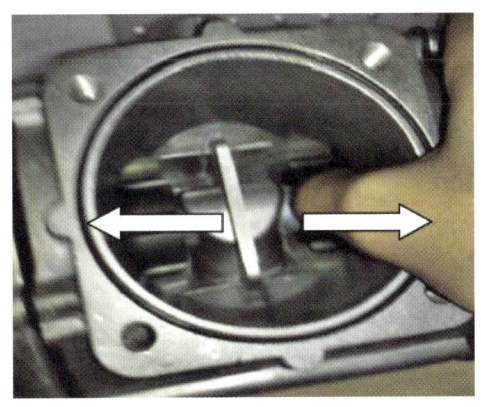

图 3-2-21　检验是否装配正确

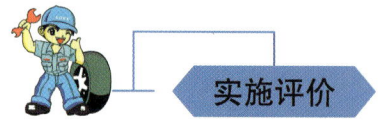

混合器膜片的更换记录表

车辆型号		学生姓名	
发动机型号		VIN 编号	

混合器膜片的更换评分表

考核项目	评分标准	分数	自评	互评	教师评价	小计
团队合作	是否协调	5				
活动参与	是否积极主动	5				
安全生产	有无安全隐患	10				
任务方案	是否正确、合理	15				
操作过程	是否规范、完整	40				
任务完成情况	是否圆满、完成	5				
工具和设备使用	是否规范、标准	10				
劳动纪律	是否严格遵守	5				
工单填写	是否完整、规范	5				
总分		100				

任务三　CNG新能源客车发动机燃料供给系统的使用和维护

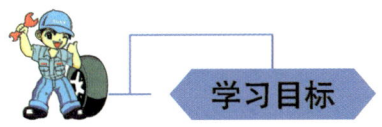

（1）掌握CNG新能源客车燃料供给系的正常使用。
（2）掌握CNG新能源客车燃料供给系的维护保养。

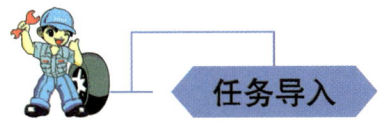

驾驶员小王驾驶一辆CNG新能源客车到修理厂进行一级维护保养，并向工作人员咨询驾驶员应如何进行日常维护。请作为专业维修人员解答小王咨询的相关事项，并对车辆进行一级维护保养。

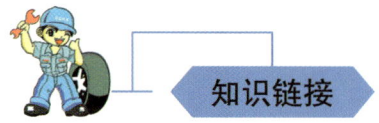

一、CNG新能源客车发动机的燃料使用

（一）天然气主要性能指标

CNG新能源客车发动机所使用的天然气，主要性能指标见表3-3-1。

表3-3-1　天然气的技术指标

项　目	一类	二类	三类
高位发热量/（MJ/m^3）	>31.4		
总硫含量（以硫计）/（mg/m^3）	≤100	≤200	≤460
硫化氢含量/（mg/m^3）	≤6	≤20	≤460
二氧化碳含量/%（V/V）	≤3.0		
水露点/℃	在天然气交接点的压力和温度条件下，天然气的水露点应比最低环境温度低5 ℃		
本标准中气体体积的标准参比条件是 101.325 kPa，20 ℃			

压缩天然气（CNG）作为民用燃料，应具有可以察觉的臭味，无臭味或臭味不足的天然气应加臭。加臭剂的最小量应符合：当天然气泄漏到空气中，达到爆炸下限的20%浓度时，可被察觉的标准。加臭剂常用具有明显臭味的硫醇、硫醚或其他含硫化合物配制。除此之外，应用在汽车上的天然气还要考虑抗爆性。抗爆性是指燃料在气缸中避免产生爆震的能力（也称抗自燃能力）。爆震是一种非正常燃烧，与发动机温度、压缩比、燃料特性有关，在压缩行程终了时产生，它将造成发动机过热、排气冒烟、功率下降、油耗增加，并伴有明显的敲缸声，甚至损坏机件。一般天然气的辛烷值大于110，抗爆性能高于汽油。影响天然气抗爆性的主要是因素是除甲烷外的重碳氢成分，天然气中的甲烷和重碳氢成分是随着气田的地理位置、开采时间及净化处理而发生变化的。国内主要地区天然气抗爆性能预测分析表明，我国各个地区天然气主要成分差异不大，其抗爆性的差异也不大，这是我国天然气质量的优势。尤其是在重庆，天然气质量好，成分差异小，十分利于天然气汽车的推广应用和发展。

（二）天然气在环境保护和安全措施上的要求

1. 环境保护

（1）压缩天然气温度极低，发生泄漏时在漏点处会大量吸热，所以一旦发生泄漏，在漏点位置严禁用身体任何部位与之接触，否则会造成低温烫伤，严重时会造成肌肉坏死甚至截肢。

（2）天然气易燃，易引起火灾和爆炸，在存在天然气的环境中，严禁明火和吸烟。

（3）天然气发生泄漏时，应立即提醒周围所有人员注意。等人员疏散后，再进行处理。对已泄露的天然气任其飘散，因为天然气比空气轻，会自行往高空飘散，对环境影响极低。

2. 安全措施

（1）从事车辆天然气系统的维修人员，必须经过严格培训，考试合格后持证上岗。其他人员也应遵守安全操作规程。

（2）维修现场应有良好的通风条件，配备相应消防设施。作业场地，严禁烟火。

（3）车辆维护时应首先检查各部件的紧固情况，及时处理松动的紧固件，检查气瓶，管路及连接处是否漏气，如有漏气应及时处理。

（4）维修作业前，必须关闭天然气气路的全部阀门，在确认天然气系统无泄漏后，方可进行维修。

（5）如遇天然气系统泄漏，无法关断气源时，必须立即疏散人员，隔离现场，迅速将距离车辆 15 m 范围内的用电设备控制起来，关闭正使用的电器设备，待天然气排完散尽后，再进行作业。在排放过程中要确保距车 15 m 以内不得启动电器设备和出现明火。

（6）如故障部位不明确，在故障车 15 m 范围内无火源的情况下，可开启天然气阀门进行带压检查。故障部位确定后，应立即关闭气阀。在带压检查及排放天然气时，现场必须有安全监护人。

（7）拆装、紧固天然气系统装置及管路时，必须泄压，严禁带压作业。

（8）天然气系统各装置严禁接触酸、碱和油物等物质。严禁敲击天然气系统各装置。

（9）车辆如动焊，必须在确保安全的前提下进行。严禁在气瓶上进行电焊引弧作业。

（10）车辆维修中如需启动发动机，须先确认天然气燃油供给系统无故障。油气两用的发动机严禁两种燃料同时混合使用。

（11）高压管路和卡套接头不准修复使用。

二、CNG 新能源客车发动机维护

对 CNG 发动机实施定期、强制维护，是汽车安全、高效、低耗、低污染运行的基本技术保证。CNG 发动机的维护与保养应符合 GBT 27876—2011《压缩天然气汽车维护技术规范》。要特别注意的是，CNG 发动机主要使用在城市公交客车上，更要注重维护，以保证其安全性。

（一）日常保养

保养周期：每日进行。主要保养项目如下：

（1）检查气瓶、电磁阀、压力调节器等部件安装支架是否完好与紧固情况，紧固已松动的紧固件。

（2）检查气量，接通全车电源，打开点火开关（不起动发动机），检查气量显示器指示的气量。

（3）特别提示：气瓶正常使用压力范围为 3～20 MPa，若气瓶压力低于 3 MPa，请驾驶员驾驶车辆尽快到附近的加气站加气，否则会导致动力不足、烧催化器等故障。

（4）检查供气系统管路、接头组件等是否有泄漏（可通过周围环境是否有燃气泄漏异味进行判断或用肥皂水测试）；对铰接式汽车，特别要重点检查铰接盘处的高压软管是否有擦伤痕迹，外表有无龟裂、老化等现象。如发现系统有泄漏现象，驾驶员不应擅自解体，应及时通知专业维修厂家派员修理。

（5）检查膨胀水箱里冷却液液面是否满足要求，若不够，请及时添加。

（6）接通全车电源，打开点火开关（不起动发动机），检查故障指示灯是否常亮，若故障灯不亮或闪烁，请联系维修人员检查。

（二）CNG 新能源客车发动机维护的注意事项

（1）燃料系统的定期维护与修理应在经有关部门进行资质认证取得合格的专业维修厂（场）进行。

（2）执行燃料系统维护和修理的机工，须经过专业培训，并取得培训合格证，其他人员不得擅自维修。

（3）维修场地严禁吸烟，场内应有防火消防措施。如气瓶已充气，车辆与周围明火距离不得小于 10 m。

（4）维修车辆时，严禁敲击、碰撞气瓶、减压阀、管线、钢瓶及各种阀体。

（5）在车辆维护和故障排除小修中，如涉及燃气装置的管路接头、阀门、仪表、减压装置的拆装、调整等作业时，维修人员应首先断开蓄电池供电电路，关闭总气阀与瓶阀，打开维修泄压开关，待卸压后方可拆卸故障部位。如漏气或故障部位准确诊断困难，在保证车辆 10 m 范围内无明火的前提下，允许开启总气阀进行带压检查。漏气部位明确后，应立即关闭总气阀和全部钢瓶瓶阀，待卸压后方可拆卸、维修。

（6）在排除供气系统故障时，必须关闭总气阀和全部钢瓶瓶阀，进行管路卸压，严禁在带压状态下进行修理作业。

（7）禁止随意敲击、扭曲、挪动全车不锈钢管。待故障部位修复后，应严格检查卡套是否完好无损。高压管线、卡套接头只能更换新的，不允许修复使用。在维修好之后，应采用气体泄漏检测仪或肥皂水进行泄漏检验。

（8）维修人员在维修中必须严格检查高、低压线接插头、电脑板及转换开关接线头与导线的绝缘体，防止短路、接触不良。点火高压线的绝缘和固定情况应严格检查，避免高压线路漏电跳火现象的发生。全车总成线均不允许与燃气管道相搭、缠绕。

（9）吹管处理：在拆检管路和各种接头后，必须对管路进行吹管处理。

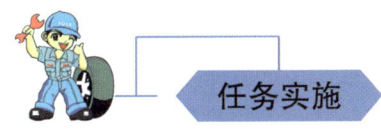

CNG 发动机燃料供给系统的一级维护保养

一、实训器材

CNG 新能源客车一辆、地沟、组合工具。

二、准备工作

（1）车辆进入工位前，将工位清理干净，准备好相关的器材。
（2）将车辆停驻在地沟面上。
（3）拉紧驻车制动器，并将变速杆置于空挡位置。
（4）套上转向盘护套、变速杆手柄套和座位套、铺设脚垫。
（5）打开发动机舱盖。

三、一级维护项目、作业内容及技术标准

1. 储气装置

（1）CNG 气瓶及固定支架

如图 3-3-1 所示，作业内容包括检查外观和紧固情况。技术要求：气瓶检定审验有效；气瓶表面应无严重划伤、凹凸、裂纹等缺陷；固定支架及扎带完好、无裂纹、固定牢固，垫层完好无损坏气瓶应固定可靠，无窜动和旋转现象；安装位置、方式符合出厂技术规定和 QC/T245 的要求。

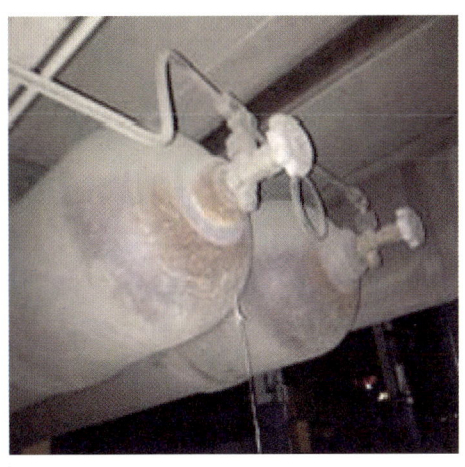

图 3-3-1　CNG 气瓶及固定支架

（2）CNG 管路及卡箍

如图 3-3-2 所示，作业内容包括检查紧固管线及接头，检查各连接部位有无泄漏。技术要求：高压管线及接头应无擦伤及其他损伤；接头紧固良好无漏气现象。涂检漏液至少观察 10 s 后，无气泡出现；软管无老化、油垢、裂纹，连接可靠，与其他部件无摩擦；安装位置、方式符合出厂技术规定和 QC/T245 的要求。

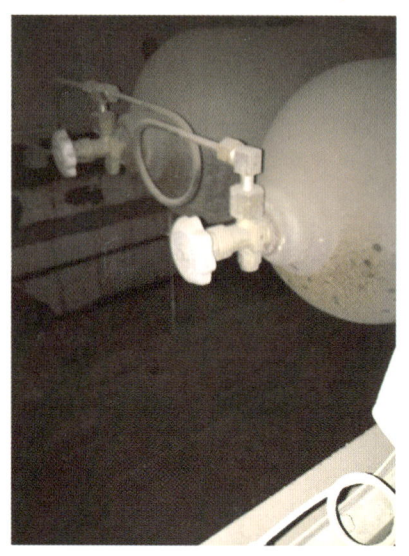

图 3-3-2　CNG 管路及卡箍

（3）截止阀、充气阀、组合阀等各类控制阀及相关仪表

作业内容包括检查密封和工作性能。技术要求：各种阀密封良好、开闭性能灵活有效，相关仪表工作正常、安装牢固可靠；安装位置、方式符合出厂技术规定和 QC/T245 的要求。

如图 3-3-3 所示，作业内容包括检查加气口的安装及紧固情况，检查单向阀。技术要求：符合 GB/T18363 的相关要求；加气口固定牢固、清洁；加气口、单向阀工作可靠无漏气现象，防尘盖可靠有效。

（a）加气口外部　　　　　　　　（b）加气口内部

图 3-3-3　加气口的安装及紧固

2. 供给装置

（1）减压调节器

如图 3-3-4 所示，作业内容包括检视外观；卸下排污塞，放掉残液；检查滤网、滤芯，必要时清洗。技术要求：外观清洁，安装牢固，无泄漏现象，各部件性能良好，符合 QC/T671 的要求。

（2）混合器/喷气装置

如图 3-3-5 所示，作业内容包括检查气道。技术要求：各气道通畅、无阻塞、无泄漏，混合器/喷气装置应清洁、固定牢固、装配正确。

图 3-3-4　减压调节器

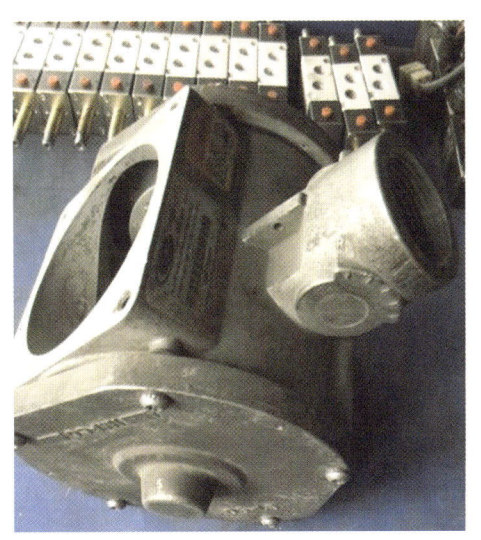
图 3-3-5　混合器/喷气装置

（3）高频电磁阀

如图 3-3-6 所示，作业内容包括检查各电磁阀及其控制装置的技术状况。技术要求：连接可靠、工作正常。

图 3-3-6　高频电磁阀

（4）CNG 电喷控制装置

作业内容包括检查各功能的有效性。技术要求：各参数均正常。

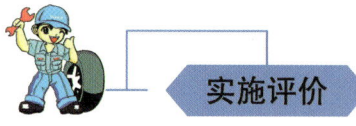

CNG 新能源客车发动机燃料供给系统的使用和维护记录表

车辆型号		学生姓名	
发动机型号		VIN 编号	

CNG 新能源客车发动机燃料供给系统的使用和维护评分表

考核项目	评分标准	分数	自评	互评	教师评价	小计
团队合作	是否协调	5				
活动参与	是否积极主动	5				
安全生产	有无安全隐患	10				
任务方案	是否正确、合理	15				
操作过程	是否规范、完整	40				
任务完成情况	是否圆满、完成	5				
工具和设备使用	是否规范、标准	10				
劳动纪律	是否严格遵守	5				
工单填写	是否完整、规范	5				
总分		100				

项目四

CNG 新能源客车发动机冷却系统的构造与维修

任务一　CNG 新能源客车发动机冷却系统认知

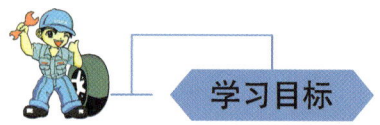

（1）掌握冷却系的作用与组成。
（2）熟悉冷却系统主要零部件的检修。

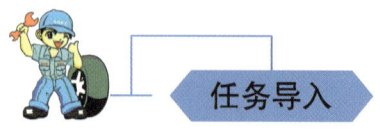

一辆 CNG 新能源客车在行驶途中，发动机出现了"开锅"故障，经班组长初步诊断，系 CNG 发动机冷却系统故障，作为维修技师，对此故障进行分析并排除。

一、冷却系统的功用和组成

发动机冷却系统的功用是使工作中的发动机得到适度的冷却，从而保持发动机在最适宜的温度范围内工作。另外，冷却系统还为暖风系统提供热源。

冷却系统按其冷却介质分，主要有水冷式和风冷式两种。水冷系统是以水为冷却介质，热量先由机件传给水，靠水的流动把热量带走而后散入大气中，散热后的水再重新流回到受热机件处，如图 4-1-1 所示。风冷系统是以空气作为冷却介质的发动机，如图 4-1-2 所示。

现代 CNG 新能源客车均采用封闭式强制循环水冷却系统，即用水泵强制地使冷却液在冷却系统中进行循环流动，使发动机中高温零件的热量先传给冷却液，然后再散发到大气中。

水冷却系统一般由水泵、散热器、节温器、冷却风扇、风扇控制机构、水套、膨胀水箱、温度指示器及报警灯等组成。

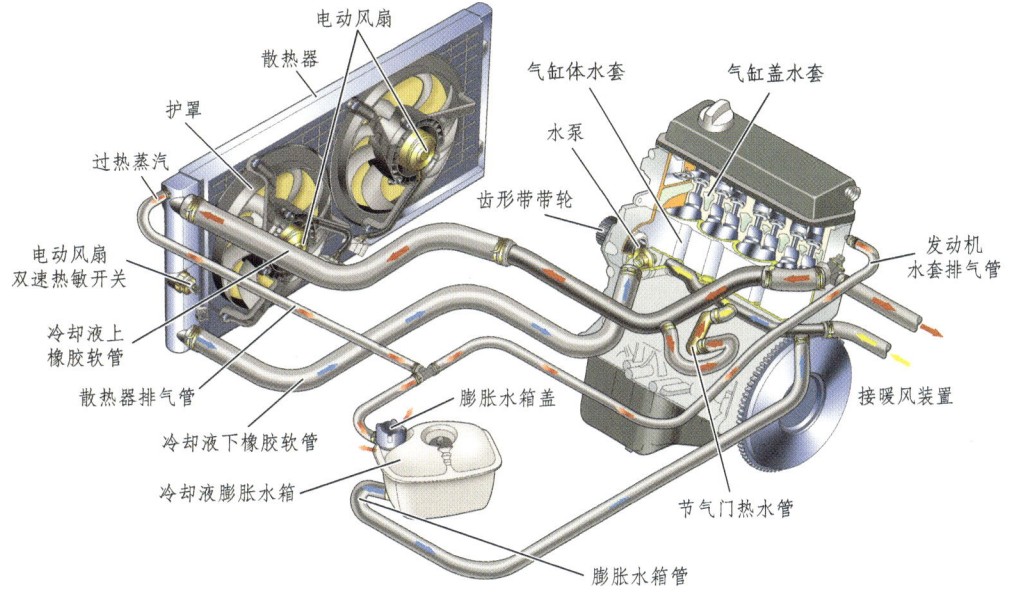

图 4-1-1　冷却式发动机系统布置图

图 4-1-2　风冷式发动机

二、冷却系统工作原理

CNG发动机冷却系统工作如图4-1-3所示。发动机工作时，水泵将冷却液压入发动机气缸体水套，然后流入气缸盖水套，吸收气缸体和气缸盖的热量。此后冷却液分两路循环，一路为大循环，即冷却液流经散热器冷却后，进入装在机体水泵进口处的节温器，流向水泵进水口；另一路为小循环，即冷却液直接进入节温器后的水泵进水口，不经散热器冷却。当冷却液的温度低于85 ℃时，进行小循环；当冷却液高于85 ℃时，部分冷却液进行大循环；当冷却液温度达到（102±3）℃时，流经散热器的冷却液全都参加大循环，而小循环是常开的，这样可使冷却系统的温度提高到一个较高的水平，改善发动机的热效率，同时可以确保冷却系统始终有冷却液在循环，保持发动机在最佳温度下工作。

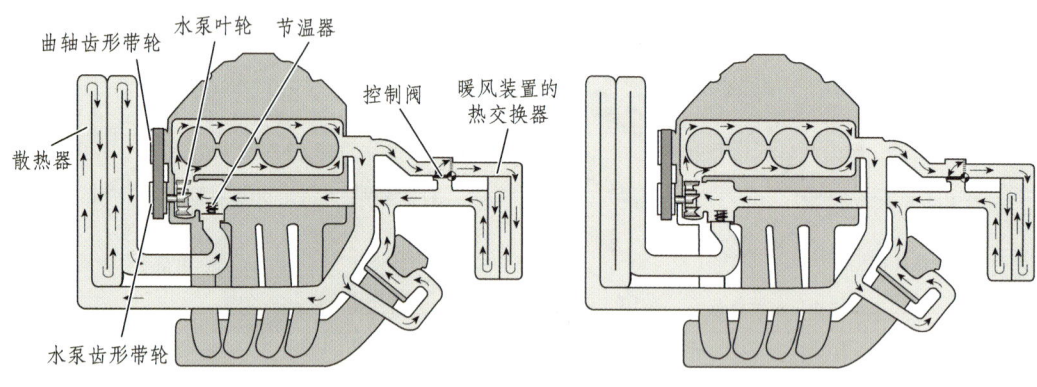

（a）冷却系统的大循环示意图　　　　（b）冷却系统的小循环示意图

图4-1-3　冷却系统的循环示意图

为了使混合气混合更加均匀，利用冷却液的热量对进入进气歧管内的混合气进行预热，车上的暖风装置利用冷却液带出的热量来达到取暖目的。当需要取暖时，打开暖气控制阀，从气缸体水套流出的部分冷却液可流入暖风热交换器供暖，随后流回水泵。

三、冷却系统主要零部件的检修

（一）水　泵

水泵的作用是对冷却水加压，使之在冷却系中循环流动。目前，发动机一般采用离心式水泵。离心式水泵由壳体、叶轮、泵盖板、水泵轴、支承轴承、水封等组成，如图4-1-4所示。

项目四　CNG新能源客车发动机冷却系统的构造与维修

 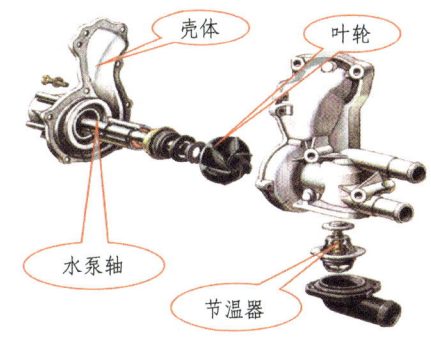

图 4-1-4　水泵的组成

当水泵轴转动，冷却水由进水管到叶轮中心，叶轮转动产生离心力，经出水口积压到气缸体水套中去，叶轮的中心部分形成低压，散热器中的冷却水又从进水管泵入叶轮中心，如此循环工作，如图 4-1-5 所示。

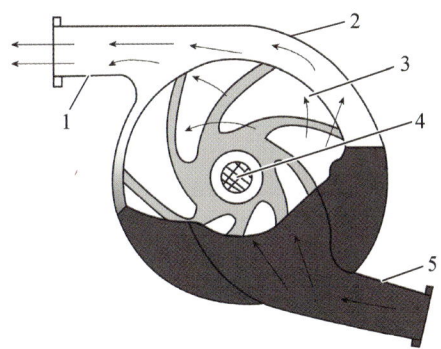

图 4-1-5　离心式水泵工作原理

1—出水管；2—水泵壳体；3—叶轮；4—水泵轴；5—进水管

（二）散热器

散热器的主要作用是将水套出来的热水自上而下或横向地分成许多小股，并将其热量散给周围的空气。散热器由上水室、下水室、散热器芯、散热器盖等组成，如图 4-1-6 所示。

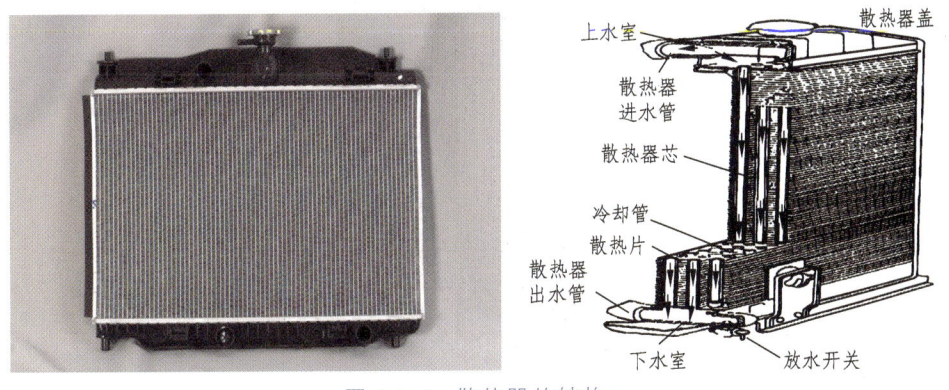

图 4-1-6　散热器的结构

散热器上水室顶部有加水口，冷却水由此注入整个冷却系并用散热器盖盖住。在上水室和下水室分别装有进水管和出水管，进水管和出水管分别用橡胶软管和气缸盖的出水管及水泵的进水管相连，这样，既便于安装，而且当发动机和散热器之间产生少量位移时又不会漏水。在散热器下面一般装有减震垫，防止散热器受振动损坏。在散热器下水室的出水管上还设有放水开关，必要时可将散热器内的冷却水放掉。

散热器盖安装在加水口上，如图 4-1-7 所示。闭式冷却系的系统与外界大气不直接相通，散热器盖上带有蒸汽-空气阀，使冷却系的压力高于大气压力，可提高冷却水的沸点。

图 4-1-7　散热器盖

散热器芯是散热器的核心部分，起主要的散热作用，如图 4-1-8 所示。散热器芯由散热管、散热片等组成。由于它具有足够的散热面积，因此能保证将必须的热量从发动机散发到周围的大气中去。散热器芯一般采用导热性能良好的铝金属及其合金制造，能使散热器芯以最小的质量和尺寸达到最好的散热效果。散热器芯的构造形式有多样，常用的有管片式和管带式两种。

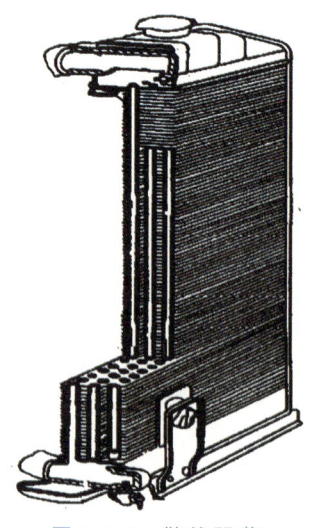

图 4-1-8　散热器芯

CNG 发动机为增强冷却效果，通常还设置有散热风扇，如图 4-1-9 所示。散热风扇的作用是提高流经散热器的空气流速和流量，以增强散热器的散热能力并冷却发动机附件。风扇多为轴流式，装在发动机与散热器之间，与水泵同轴驱动。风扇用螺钉安装在水泵轴前端的皮带轮或凸缘盘上。风扇的扇风量主要与风扇的直径、转速、叶片形状、叶片安装角及叶片数目有关。

图 4-1-9　散热风扇

（三）节温器

如图 4-1-10 所示，节温器的作用是随发动机负荷大小和水温的高低而自动改变冷却液的流量和循环路线，保证发动机在适宜的温度下工作，降低燃料消耗和减轻机件的磨损。

图 4-1-10　节温器的结构

CNG 发动机广泛使用蜡式节温器。当冷却温度低于规定值时，节温器感温体内的石蜡呈固态，节温器阀在弹簧的作用下关闭发动机与散热器之间的通道，冷却液经水泵返回发动机，进行发动机内小循环。当冷却液温度达到规定值后，石蜡开始融化逐渐变为液体，体积随之增大并压迫橡胶管使其收缩。在橡胶管收缩的同时对推杆作用以向上的推力，推杆对阀门有向下的反推力使阀门开启。这时冷却液经由散热器和节温器阀，再经水泵流回发动机，进行大循环。

节温器大多数布置在气缸盖出水管路中，这样布置的优点是结构简单，容易排除冷却系统中的气泡；缺点是节温器在工作时经常开闭，易产生振荡现象。

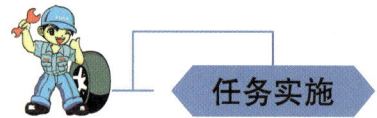

散热器渗漏检修

一、实训器材

CNG 发动机实训台架、常用工具 1 套、水盆、抹布、CNG 发动机维修手册等。

二、准备工作

（1）先将工位清理干净，准备好相关的工具、物品等。
（2）将 CNG 发动机实训台架准备好，并安全固定。

三、任务实施

1. 散热器的清洗

将散热器卸下，先用压缩空气和清水冲洗外部，然后置于含有苛性钠 10%～15%（质量分数）的水溶液容器内，然后再用压缩空气或清水冲洗内部。加热水溶液保持在 80～90 ℃，使散热器在其中浸煮 30 min 左右，最后取出放入清水池中清洗。

2. 散热器渗漏的检验

将散热器加满水，盖上散热器盖，将进、出水管口封闭。用散热器检测器装在散热器盖口上，如图 4-1-11 所示，对散热器施以 120～180 kPa 的压力试验 1 min，检查冷却液的渗漏情况。若有渗漏，须修整。

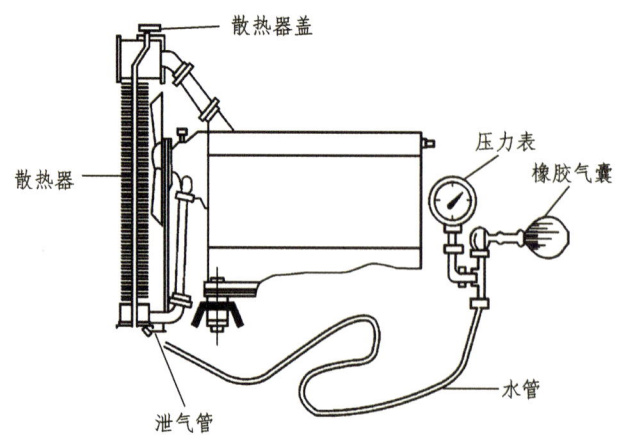

图 4-1-11　散热器渗漏的检查

3. 散热器盖及排气阀的检查

将散热器检测器安装在散热器盖或排水口盖上,泵压检测器直到排气阀打开为止,检查其密封性能和排气阀的开启压力。散热器盖开启压力为 120～150 kPa。当盖上压力低于 60 kPa 极限值时,压力没有急剧下降。若不符合极限值时,则更换其盖。

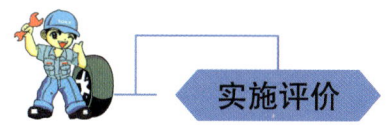

CNG 新能源发动机冷却系统认知记录表

车辆型号		学生姓名	
发动机型号		VIN 编号	

CNG 新能源发动机冷却系统认知评分表

考核项目	评分标准	分数	自评	互评	教师评价	小计
团队合作	是否协调	5				
活动参与	是否积极主动	5				
安全生产	有无安全隐患	10				
任务方案	是否正确、合理	15				
操作过程	是否规范、完整	40				
任务完成情况	是否圆满、完成	5				
工具和设备使用	是否规范、标准	10				
劳动纪律	是否严格遵守	5				
工单填写	是否完整、规范	5				
总分		100				

任务二　CNG 新能源客车发动机冷却液的检查与更换

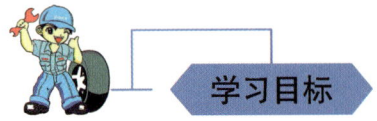

（1）掌握冷却液的基础知识
（2）掌握 CNG 新能源客车发动机冷却液的检测与更换技能

一辆 CNG 新能源客车到厂进行维护保养，作为维修技师，对该车冷却液进行检查与更换。

冷却液是发动机冷却系统中最重要的工作介质,车辆常用的冷却液有水及加有防冻剂的防冻冷却液。

一、水冷却液

水冷却液是指直接用水作冷却液,它具有简单、方便的优点。但是水的沸点低、易蒸发,需经常添加。冷却水最好选用软水,即含盐分少的水,如雨水、雪水、自来水等。否则,易在水套内形成水垢,从而降低气缸盖和气缸体的传热性能,使发动机过热。水在严寒冬季易结冰,过夜必须放水,否则会因为结冰时体积膨胀,造成胀裂气缸体、气缸盖的严重事故。

二、防冻冷却液

防冻冷却液主要由防冻剂与水按一定比例混合而成,最常用的防冻剂是乙二醇,乙二醇可降低冰点和提高沸点。冷却液中水与乙二醇的比例不同,其冰点也不同,见表 4-2-1。

表 4-2-1 冷却液冰点与乙二醇、水质量分数的关系

冷却液冰点(℃)	乙二醇的质量分数(%)	水的质量分数(%)
-10	26.4	73.6
-20	36.2	63.8
-30	45.6	54.4
-40	52.3	47.7
-50	58.0	42.0
-60	63.1	36.9

有些车辆使用的防冻冷却液中还加有添加剂,添加剂可防止冷却液腐蚀、沉积(水垢)、形成泡沫和过热的作用。

乙二醇防冻冷却液有不同的牌号,应按车辆使用说明书的规定选用和定期更换防冻冷却液(见表 4-2-2)。注意:不同牌号的防冻冷却液不可混用。

表 4-2-2　常见发动机冷却液更换周期

发动机型号	冷却液牌号	容量（L）	更换周期
凯越（1.6 L）轿车发动机	DEX-COOL	7.2	每 24 万千米或 5 年
卡罗拉（1.6 L）轿车发动机	丰田高级长效冷却液或类似的优质乙二醇型冷却液	5.6（手动变速器车型）或 5.5（自动变速器车型）	第一次行驶 16 万千米，然后每行驶 8 万千米更换一次
桑塔纳 2000GSi 轿车 AJR 发动机	NO52 774 BO 或改进型冷却液 NO52 774 CO	6.0	行驶 6 万千米或 2 年
五菱荣光汽车	张家港迪克发动机冷却液	4.6	每隔 2 年或行驶 4 万千米更换（如有泄漏，随时补充）

三、对冷却液环境保护和安全措施上的要求

1. 环境保护

（1）冷却液是一种对水有轻微污染的物质，因些不允许将冷却液直接排入地表水域和下水道，作业时只能在防渗的地面上进行。

（2）废弃的冷却液要单独盛装，并妥善保管和回收利用。

（3）沾上冷却液的抹布或物品，不得作为生活垃圾处理。

2. 安全措施

（1）冷却液对人皮肤有损害，作业时应穿戴个人防护装备。

（2）沾上冷却液的衣服或鞋子，必须立即脱下并更换。

（3）皮肤接触到冷却液，立即用水和肥皂清洗并彻底冲洗。

（4）眼睛接触到冷却液，应翻开眼皮并用流水冲洗眼睛几分钟，然后尽快去医院治疗。

（5）吸入冷却液，立即漱口并喝下大量清水，然后尽快去医院治疗。

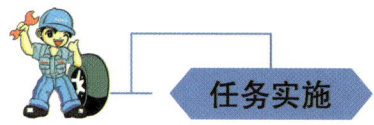

冷却液的检查与更换

一、实训器材

（1）发动机冷却液，如图 4-2-1 所示。

（2）其他工具及器材：CNG新能源客车、举升机、组合工具、扭力扳手、冷却液收集容器、转向盘护套、变速杆手柄套、座位套、脚垫、翼子板和前格栅磁力护裙等。

二、准备工作

（1）车辆进入工位前，将工位清理干净，准备好相关的器材。
（2）将车辆停驻在举升机中央位置。
（3）拉紧驻车制动器操纵杆（见图4-2-2），并将变速杆置于空挡位置。
（4）套上转向盘护套、变速杆手柄套和座位套，铺设脚垫。
（5）在车内拉动发动机舱盖手柄，如图4-2-3所示。
（6）在车外打开并支撑发动机舱盖，如图4-2-4所示。
（7）粘贴翼子板和前格栅磁力护裙。

图4-2-1 发动机冷却液

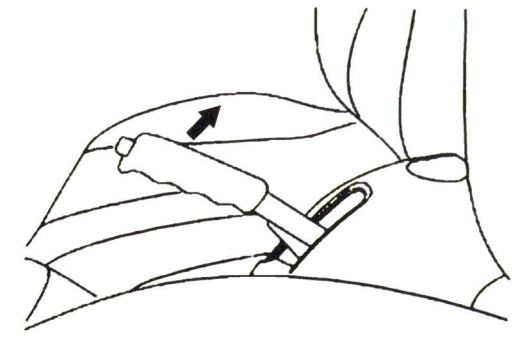

图4-2-2 拉紧驻车制动器操纵杆

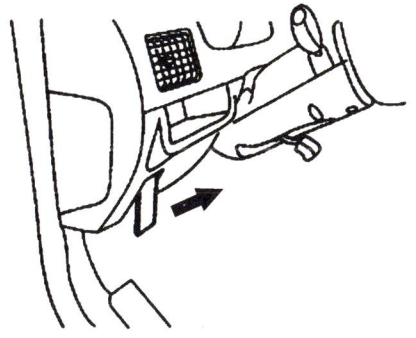

图4-2-3 拉动发动机舱盖手柄

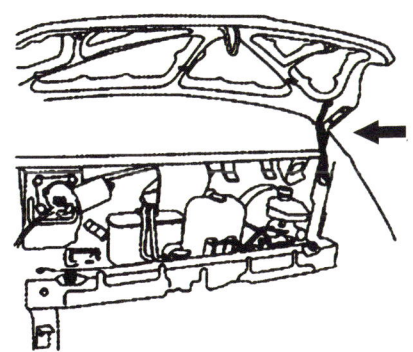

图4-2-4 支撑发动机舱盖

三、冷却液液面高度的检查

冷却液储液罐是透明的，冷却液储液罐通过软管与散热器相连。冷却液储液罐收集温度升高时溢出的冷却液，否则这些冷却液就会从系统中溢出。

当检查冷却液液面高度时，则打开发动机舱盖，并观察冷却液储液罐，没有必要打开散热器盖。应在发动机冷却时，检查冷却液储液罐中冷却液液面高度（见图 4-2-5），正常的冷却液液面高度应在 "FULL" 和 "LOW" 之间，如果发现冷却液液面高度低于 "LOW" 标志时，应打开冷却液储液罐盖，加注冷却液达 "FULL" 标志，然后重新盖好冷却液储液罐盖。

每周至少检查一次发动机冷却液的液面高度，以便车辆保持在最佳行驶状态。

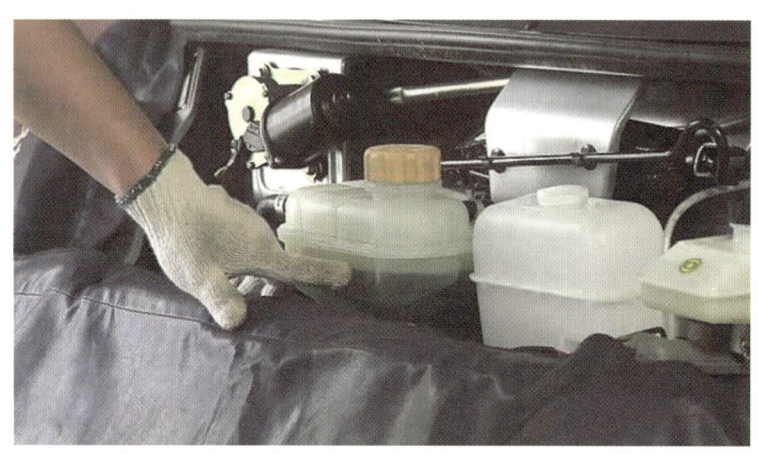

图 4-2-5　检查冷却液液面高度

四、冷却液的更换

1. 注意事项

车辆在出厂时发动机加注的冷却液由 48% 的蒸馏水和 52% 的防冻剂组成，冰点为 -40 ℃。冷却液具有防生锈、防腐蚀、高沸点等特性，使用中应选用厂商指定的品种。冷却液的冰点应比所在使用地区最低环境温度至少低 5 ℃，但冷却液中防冻剂的浓度不能大于 60%，否则影响冷却液的散热能力。冷却液每 2 年或汽车行驶 4 万千米（先到为准）应当全部更换一次。

发动机的冷却系统容积为 4 L。加注程序中列出的容量包括用于在进行静态重灌后排出留在冷却液系统中空气的额外数量。

将冷却液回收并储存在冷却液收集容器中，定期将旧冷却液交送回收，不可将旧冷却液倒入下水道污染环境。

不要使用冷却系统密封剂（或类似的密封剂），除非另有规定。使用冷却系统密封剂（或类似密封剂）会限制冷却液在冷却系统或发动机部件中的流动。冷却液流动受阻会造成发动机过热，损坏冷却系统或发动机零部件。

添加新冷却液时，旧冷却液不能全部排空，除非是在拆卸水泵时。

2. 冷却液的排放

（1）将车辆停泊在水平地面上。

（2）在发动机停下冷却后，通过以下程序拆卸散热器的盖子。

① 逆时针方向缓慢转动散热器盖至止动器。旋转散热器盖时，切勿按压。

② 等待排空残余压力，排空过程中有"嘶嘶"声。

③ 当"嘶嘶"声停止后，继续逆时针旋转散热器盖，将其打开。

（3）将冷却液收集容器放在车辆下方，收集所有排放的冷却液。

（4）运转发动机直到散热器上部软管发热，这表明节温器阀已打开，冷却液开始流过散热器。

（5）关闭发动机并打开散热器放水塞，排出冷却液，并注意收集好。

（6）排完后拧紧放水塞。

（7）给系统注满水并运转发动机直到散热器上部软管发热。

（8）重复第（5）、（6）、（7）步数次，直到排出的液体接近无色。

（9）排空系统中的水，为了充分排出，需将散热器的上部水管下端也拆开，排完水后才重新装好水管和放水塞。

（10）取下冷却液储液罐，打开冷却液储液罐盖（用手从盖子的凸缘往上掰开），排出里面的冷却液。

3. 冷却液的添加

（1）拧紧散热器出口软管的卡箍。

（2）用肥皂水洗干净冷却液储液罐内部。

（3）将冷却液储液罐安装好，并加注合格的冷却液到"FULL"位，盖好储液罐盖子。

（4）拆开与发动机连接的暖风机出水管上的排气帽，排出系统中的空气，从散热器注水口向系统加入合格的冷却液，当排气口中有冷却液流出时，装上暖风机出水管排气帽。

（5）在散热器盖打开状态下运转发动机，当散热器上部软管发热时，再向散热器中慢慢补充冷却液，直到加满为止。

（6）关闭发动机，盖好散热器盖。

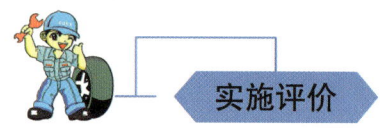

实施评价

冷却液的检查与更换记录表

车辆型号		学生姓名	
发动机型号		VIN 编号	

冷却液的检查与更换评分表

考核项目	评分标准	分数	自评	互评	教师评价	小计
团队合作	是否协调	5				
活动参与	是否积极主动	5				
安全生产	有无安全隐患	10				
任务方案	是否正确、合理	15				
操作过程	是否规范、完整	40				
任务完成情况	是否圆满、完成	5				
工具和设备使用	是否规范、标准	10				
劳动纪律	是否严格遵守	5				
工单填写	是否完整、规范	5				
总分		100				

项目五

CNG 新能源客车发动机润滑系统的构造与维修

任务一　CNG 新能源客车发动机润滑系统认知

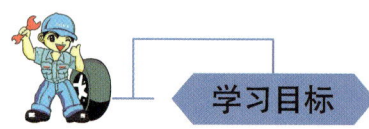

（1）掌握 CNG 新能源客车发动机润滑系统的功用及组成。
（2）熟练 CNG 新能源客车发动机润滑系统零部件的检修。

一辆 CNG 新能源客车发动机在工作过程中，机油压力报警灯闪烁，同时警报蜂鸣器发出报警声，初步排除电路故障。作为维修技师，对该故障进行分析并排除。

一、润滑系统的功用

当发动机工作时，许多零部件都在高速运转，各运动副必然存在着较大的摩擦，为有效地保证各运动副的正常工作，延长发动机使用寿命，都必须采用发动机润滑油（也称为机油）来润滑。

润滑系统的功用是将机油输送到发动机需要润滑的部位，以达到提高发动机工作可靠性和耐久性的目的。同时，润滑系统还兼具着以下作用：

（1）清洗：机油在润滑系内不断循环，清洗摩擦表面，带走磨屑和其他异物。

（2）冷却：机油在润滑系内循环带走摩擦产生的热量，起到冷却作用。

（3）密封：在运动零件之间形成油膜，提高它们的密封性，有利于防止漏气或漏油。

（4）防锈蚀：在零件表面形成油膜，对零件表面起保护作用，防止腐蚀生锈。

（5）润滑油还可用作液压油，起液压作用，如液压挺柱。

CNG发动机润滑系统主要通过压力润滑、飞溅润滑、润滑脂润滑等三种润滑方式实现。

压力润滑是以一定的压力把机油供入摩擦表面的润滑方式。这种方式主要用于主轴承、连杆轴承及凸轮轴承等负荷较大的摩擦表面的润滑。

飞溅润滑是指发动机工作时利用飞溅起来的油滴或油雾来润滑摩擦表面的润滑方式。可使裸露在外面承受载荷较轻的气缸壁，相对滑动速度较小的活塞销，以及配气机构的凸轮表面、挺柱等得到润滑。

润滑脂润滑是通过润滑脂嘴定期加注润滑脂来润滑零件的工作表面，如水泵及发电机轴承等。

二、润滑系统的组成与工作原理

（一）润滑系统的组成

CNG发动机润滑系统主要由机油泵、机油滤清器、集滤器、油道等组成，另外包括机油压力开关、机油指示灯（在仪表板上）、机油冷却器等，如图5-1-1所示。

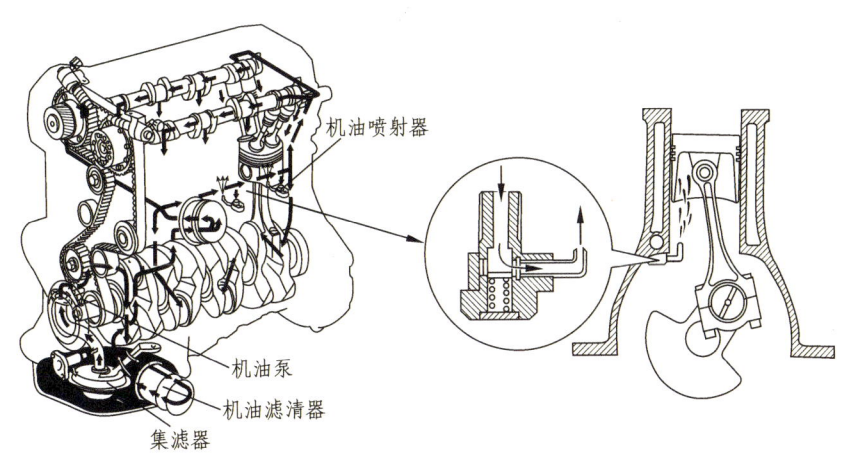

图 5-1-1　润滑系统的组成

（二）润滑系统工作原理

图5-1-2所示为CNG发动机润滑系统示意图。发动机工作时，机油在机油泵的作

用下，经集滤器粗滤掉较大的机械杂质，流入纵向主油道执行压力润滑任务；小部分机油（10%～15%）经机油细滤器滤去较细的杂质和胶质后流回油底壳。

进入主油道的机油，分成四道油路，分别润滑发动机不同的零部件：

一部分通过横向油道分别润滑曲轴主轴径和凸轮轴径。经主轴径机油从曲轴中的斜向油道润滑连杆轴径。

一部分机油从凸轮轴的第二、第四轴径处，经两个上油道通向摇臂支座，润滑摇臂轴、推杆球头和气门端部。

一部分通过第一条横向油道通过喷油嘴，将喷射出去的机油用来润滑正时齿轮副。

剩余部分经由第一、第二横向油道之间接出的油管通到空气压缩机曲轴中心的油道，对发动机连杆润滑后，再经回油管回到油底壳中。

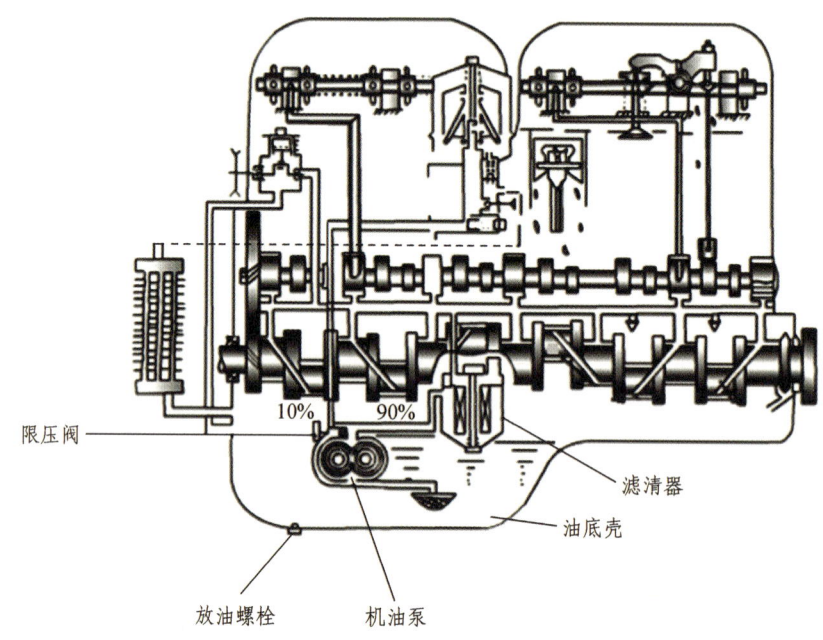

图 5-1-2　CNG 发动机润滑系统示意图

为保证发动机的正常润滑，在机油泵与主油道之间，与粗滤器并联设置了一个机油滤清器旁通限压阀。当机油粗滤器进油和出油道中的压力差达到 0.15～0.18 MPa 时，旁通限压阀被推开，使机油不经粗滤器而直接流入主油道。当粗滤器堵塞时，机油可直接通过旁通阀进入主油道，以保证对各摩擦表面的润滑。

三、润滑系统主要部件的构造

1. 机油泵

机油泵一般安装在气缸体的下部，由发动机曲轴直接驱动，将机油输送到发动机各运动部件接触面进行润滑。机油泵常见的结构形式有如下 3 种：

（1）外啮合齿轮式机油泵

如图 5-1-3 所示，两个互相啮合的齿轮高速旋转，在进油口处，由于两个轮齿逐渐脱离啮合而使进油腔容积增大，腔内产生一定的真空，机油经进油口被吸入进油腔，随后被轮齿带到出油腔。轮齿逐渐进入啮合而使出油腔的容积减小，使机油压力升高，机油经出油口被压入发动机内的润滑油道中。外啮合齿轮式机油泵由于驱动阻力最小，因此工作效率也较高。

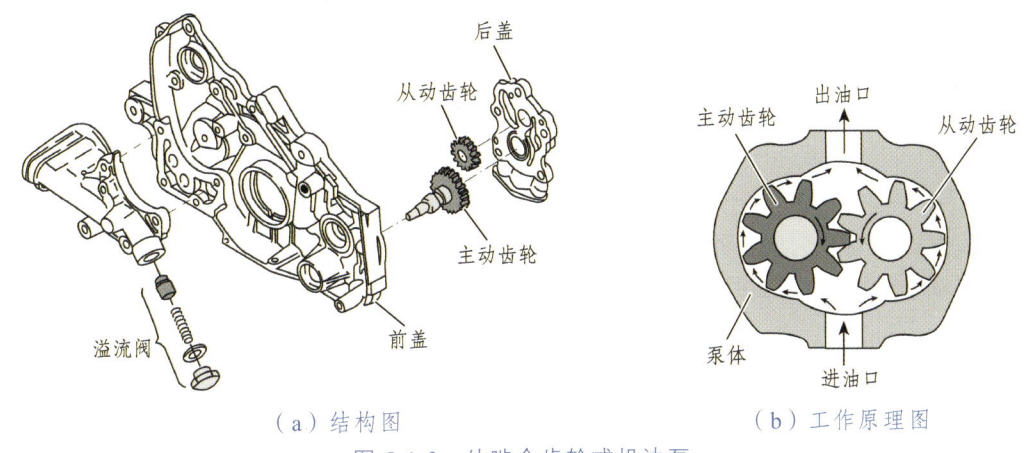

（a）结构图　　　　　　　　　　（b）工作原理图

图 5-1-3　外啮合齿轮式机油泵

（2）内啮合齿轮式机油泵

如图 5-1-4 所示，内齿轮套在曲轴前端，为主动齿轮，机油通过月牙形隔板左、右的间隙进行输送。由于这种机油泵内、外齿轮之间有多余空间，因此工作效率较低。

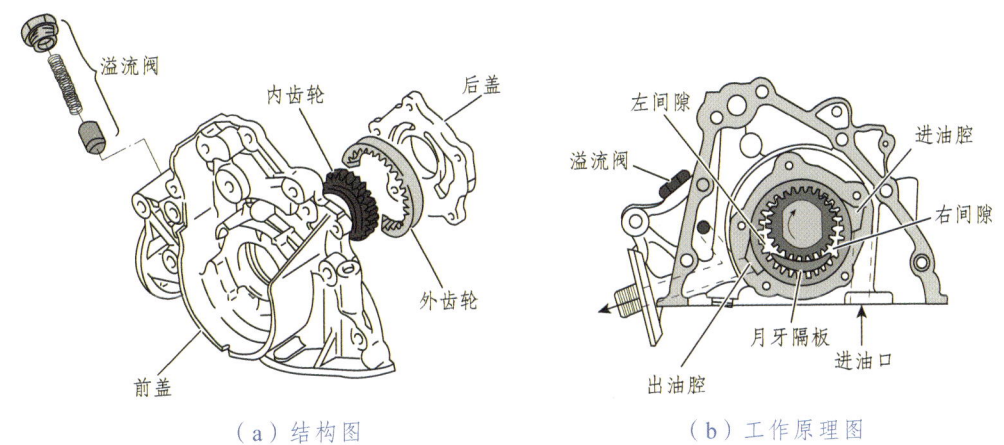

（a）结构图　　　　　　　　　　（b）工作原理图

图 5-1-4　内啮合齿轮式机油泵

（3）转子式机油泵

如图 5-1-5 所示，内转子为主动转子，内、外转子之间有一定的偏心距。内转子的凸齿比外转子的凹齿少 1 个，使得两转子之间存在转速差，旋转时两转子之间的工作腔容积不断变化，容积变大时吸油，变小时压油。这种机油泵供油压力高、噪声比较小。

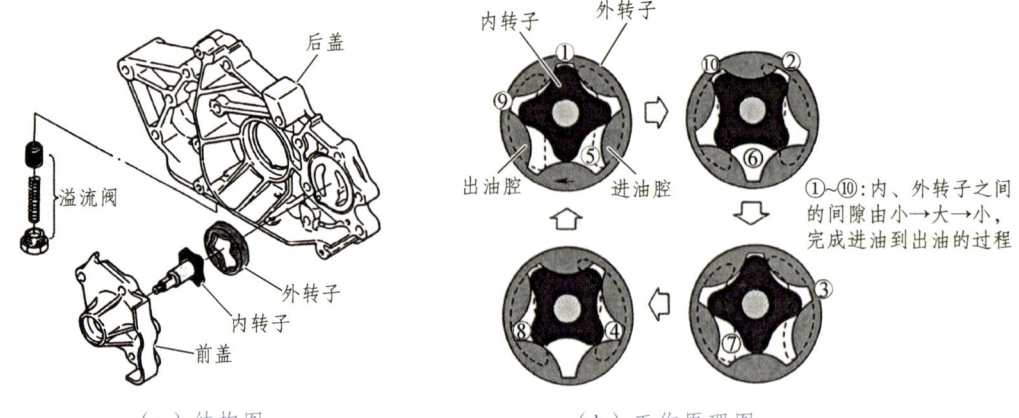

(a）结构图　　　　　　　　　　（b）工作原理图

图 5-1-5　转子式机油泵

溢流阀（也称为安全阀或限压阀）安装在机油泵壳体上，控制润滑系统的最高油压，当油压达到规定值时，溢流阀自动开启使多余的机油流回油底壳。

2. 机油集滤器

机油集滤器装在机油泵之前的吸油口端，多采用滤网式，防止粒度大的杂质进入机油泵。发动机使用的集滤器有浮式集滤器和固定式集滤器 2 种。

（1）浮式集滤器

如图 5-1-6 所示，浮式集滤器工作时漂浮于机油油面上，以保证机油泵总是吸入最上层较清洁的机油，但油面上的泡沫易被吸入，造成机油压力降低，润滑可靠性差。

当机油泵工作时，机油从罩的边缘被吸入，经过滤网滤除较大的杂质后进入机油泵。如果滤网堵塞时，滤网上部产生真空，从而克服滤网弹性将滤网吸起，滤网中心处的环口离开罩，润滑油便不经过滤网而从环口直接被吸入机油泵，保证润滑不致中断。

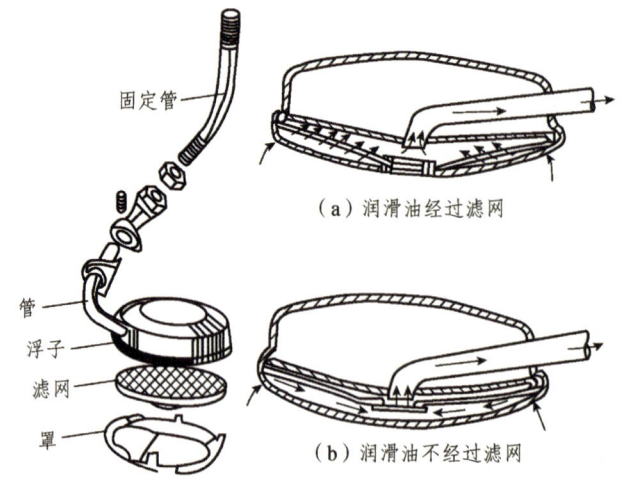

图 5-1-6　浮式集滤器

（2）固定式集滤器

如图 5-1-7 所示，固定式集滤器安装在油面下面，吸入的机油清洁度比浮式集滤器稍差,但可防止泡沫吸入,润滑可靠,结构简单,使用广泛。

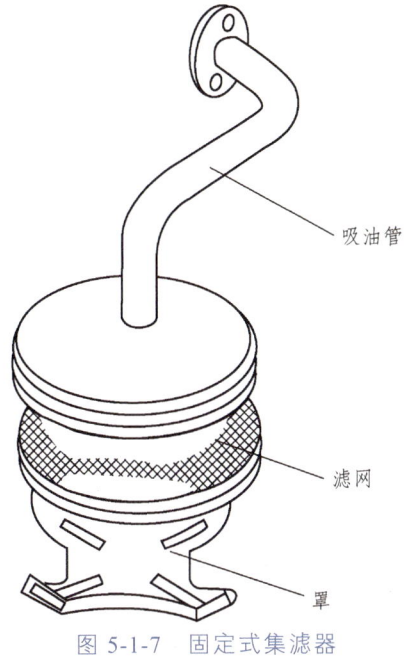

图 5-1-7 固定式集滤器

3. 机油滤清器

机油滤清器的作用是滤除机油中的金属粉末、机油氧化物和燃烧物。为了防止滤清器堵塞失效,必须定期进行更换,一般在更换机油的同时也更换机油滤清器。

如图 5-1-8 所示,当滤清器没有及时更换或其他原因造成滤芯堵塞时,油压升高使旁通阀开启,机油将不通过滤芯直接进入气缸体油道。

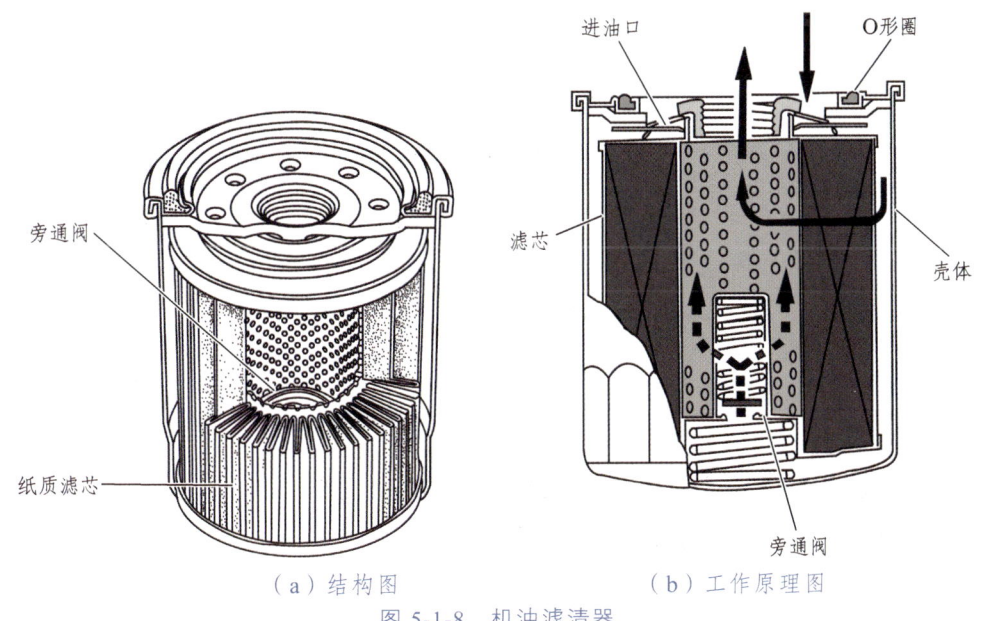

(a)结构图　　(b)工作原理图

图 5-1-8 机油滤清器

4. 机油散热器

在高性能大功率的发动机上，由于热负荷大，必须装设机油散热器，以对润滑油进行强制冷却。机油散热器布置在润滑油路中，有风冷式和水冷式两种形式。

（1）风冷式机油散热器。

如图 5-1-9 所示，风冷式机油散热器一般安装在发动机冷却系统散热器前面，利用冷却风扇的风力使机油冷却。

（2）水冷式机油散热器。

如图 5-1-10 所示，水冷式机油散热器（也被称为机油冷却器）安装在发动机冷却液路中，当机油温度较高时，靠冷却液降温；而启动暖车期间油温较低时，则从冷却液吸热迅速提高机油温度。

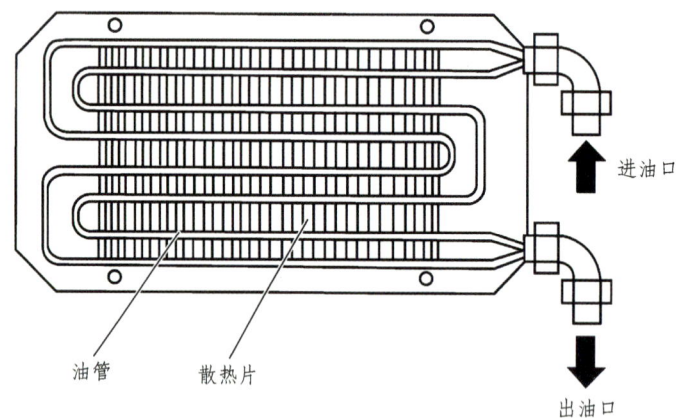

图 5-1-9　风冷式机油散热器

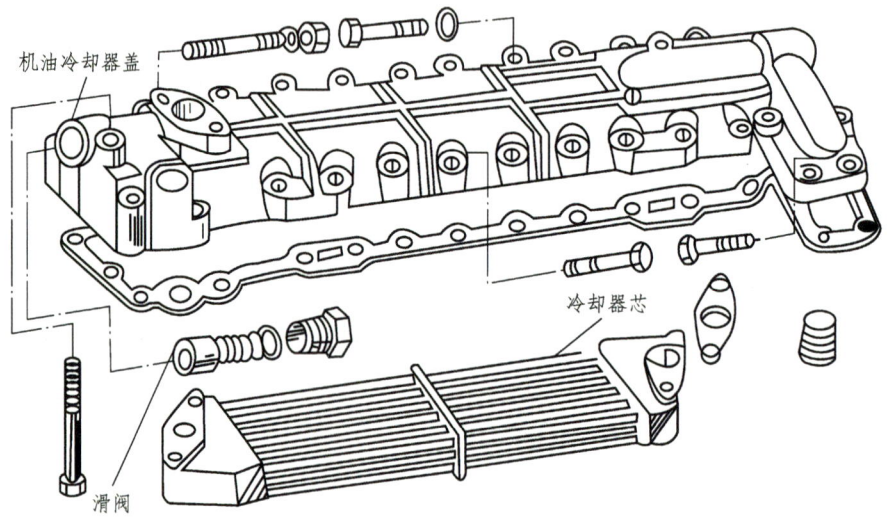

图 5-1-10　水冷式机油散热器

四、曲轴箱强制通风（PCV）系统

发动机工作时，高压的可燃混合气或废气会窜入曲轴箱内，使润滑油中形成泡沫，破坏润滑油的供给，也可能导致润滑油变质、机油泄漏等不良后果。

曲轴箱强制通风就是利用发动机进气管道的真空度作用，使窜入曲轴箱内气体被吸入气缸。曲轴箱强制通风系统如图 5-1-11 所示。发动机工作时，在进气管内真空度作用下，窜入曲轴箱内的气体经钢丝网、曲轴箱通气软管和 PCV 阀被吸入到进气歧管并进入气缸燃烧。新鲜空气经滤网和空气软管进入到曲轴箱内，形成不断的对流。在曲轴箱通气软管上装有单向阀（PCV 阀）是为了防止在发动机低速小负荷运转时进气管的真空度太大而将机油从曲轴箱内吸出。

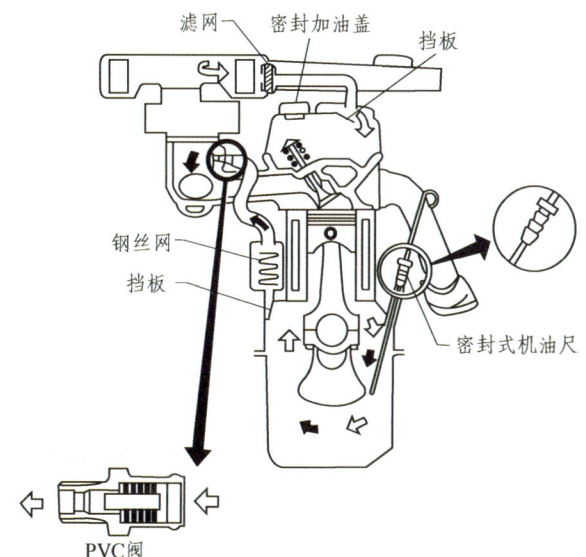

图 5-1-11　曲轴箱强制通风系统

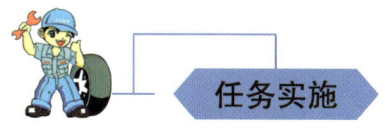

CNG 发动机齿轮式机油泵的检修

一、实训器材

CNG 发动机实训台架、常用工具 1 套、水盆、抹布、CNG 发动机维修手册等。

二、准备工作

（1）先将工位清理干净，准备好相关的工具、物品等。
（2）将 CNG 发动机实训台架准备好，并安全固定。

三、任务实施

（1）拆下机油泵，检查主、从动齿轮磨损情况，必要时更换。

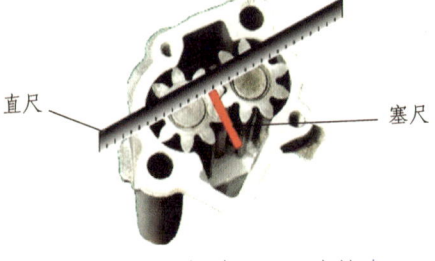

图 5-1-12　机油泵平面度检查

（2）测量泵盖平面度，用直尺和塞尺检查泵体及泵盖接合面的平面度，若超过 0.10 mm，应进行磨削或研磨修复，如图 5-1-12 所示。

（3）检查主、从齿轮与泵腔之间的间隙，若间隙值大于 0.30 mm 时，应予以更换，如图 5-1-13 所示。

（4）用塞尺测量齿轮啮合间隙，在相邻 120°三点上测量。测量数据若超过规定值，应予以更换，如图 5-1-14 所示。

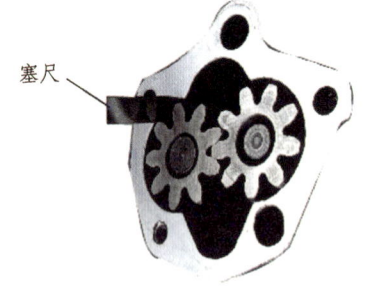 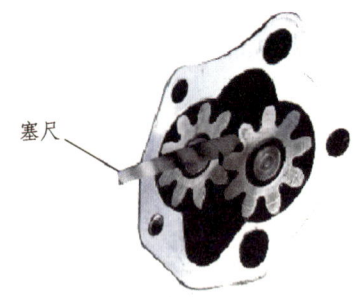

图 5-1-13　机油泵主从动齿与泵强间隙测量　　图 5-1-14　齿轮啮合间隙测量

（5）拆检主油道限压阀，进行适度调整，如图 5-1-15 所示。

图 5-1-15　限压阀的检测

（6）装复机油泵后检测，用手转动机油泵齿轮，应转动自如，无卡阻现象，不见动，无响声。将机油灌入机油泵内，用拇指堵住油孔，转动泵轴应有油压出，并能感到有压力。机油泵装车后,通过压力表观察润滑油压力,在发动机温度正常的情况下,息速运转时,润滑油压力应不低于 19.4 kPa;当发动机高速运转时,润滑油压力应不高于 49.0 kPa。如不符合标准,应调整限压阀。可在限压阀弹簧的一端加减调整垫圈的厚度,使机油压力达到规定值。

实施评价

CNG 发动机润滑系统认知记录表

车辆型号		学生姓名	
发动机型号		VIN 编号	

新能源客车发动机构造与维修

CNG 发动机润滑系统认知评分表

考核项目	评分标准	分数	自评	互评	教师评价	小计
团队合作	是否协调	5				
活动参与	是否积极主动	5				
安全生产	有无安全隐患	10				
任务方案	是否正确、合理	15				
操作过程	是否规范、完整	40				
任务完成情况	是否圆满、完成	5				
工具和设备使用	是否规范、标准	10				
劳动纪律	是否严格遵守	5				
工单填写	是否完整、规范	5				
总分		100				

任务二　CNG 新能源客车发动机机油的检查与更换

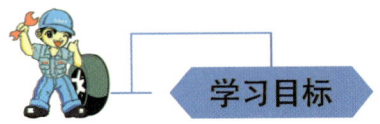

（1）掌握 CNG 新能源客车发动机机油的功用及性能。
（2）掌握 CNG 新能源客车发动机机油的检查与更换。

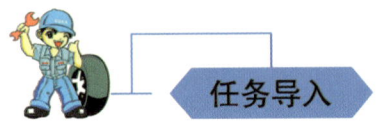

一辆 CNG 新能源客车到厂进行维护保养，作为一名维修技师，对该车发动机机油进行检查及更换。

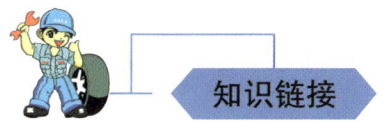

一、机油的功用及使用性能

机油除了最基本的润滑作用外,还具有冷却、清洗、缓冲、密封和防锈等功能。

国际上,机油分类广泛采用 SAE(美国工程师学会)黏度分类法和 API(美国石油学会)使用性能分类法。

SAE 按照不同的黏度等级,将机油分为冬季用机油和非冬季用机油两类。冬季用机油有 6 种牌号:SAE0W、SAE5W、SAE10W、SAE15W、SAE20W 和 SAE25W;非冬季用机油有 4 种牌号:SAE20、SAE30、SAE40 和 SAE50。

如果使用上述牌号的单级机油,需要根据季节和气温的变化经常更换机油。目前普遍使用多级机油,根据气温选择适当黏度的机油,如图 5-2-1 所示。API 根据机油的性能及其适合使用的场合,将机油分为 S 系列和 C 系列两类。S 系列为汽油机油,目前有 SA~SH、SJ、SL 和 SM 共 11 个级别;C 系列为柴油机油,目前有 CA~CD、CD-Ⅱ、CE、CF-4、CF、CF-Ⅱ 和 CG-4 共 10 个级别。级号越靠后,使用性能越好。目前 CNG 新能源客车发动机普遍使用的是与汽油机相同的 S 系列机油。常用的 API 等级机油,如图 5-2-2 所示。

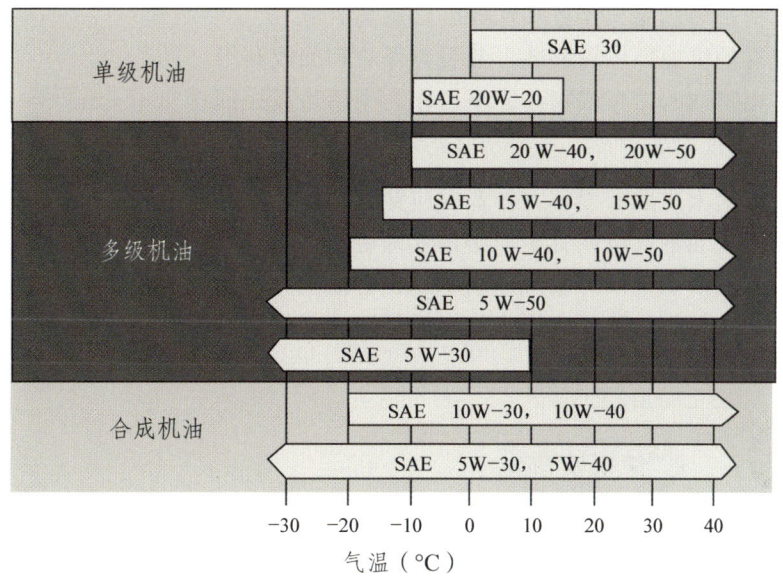

- 号数越大,机油的黏度越高,适用于较高的气温。
- 合成机油可以减小发动机运动部件的摩擦,因此能够节省燃油。

图 5-2-1 根据气温选择机油

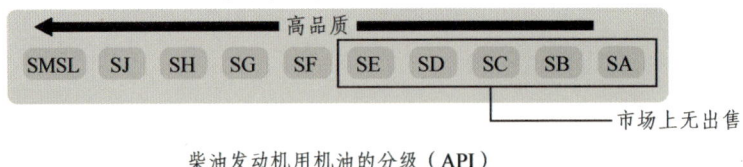

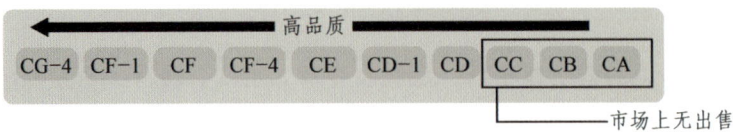

图 5-2-2　常用的 API 等级机油

二、机油的更换周期

机油在使用过程中，由于受高温氧化及燃烧物混入等影响，逐渐劣化变质，润滑性能下降。因此，机油应适时更换，机油滤清器也应同时更换。

机油更换周期，因车型和行驶环境而不同。如果车辆经常频繁起步、短距离行驶或在多尘地区使用，机油的更换周期应相应地缩短。

三、对机油的环境保护和安全措施上的要求

1. 环境保护

（1）机油会对水资源造成污染，不允许直接排入地表水域和下水道，作业时只能在防渗的地面上进行。

（2）机油是易燃品，存放和作业必须远离火源。

（3）废弃的机油要单独盛装，并妥善保管和回收利用。

（4）沾上机油的抹布或物品，不得作为生活垃圾处理。

2. 安全措施

（1）机油对人皮肤有损害，作业时应穿戴防护手套和防护服。

（2）沾上机油的衣服或鞋子，必须立即更换。

（3）皮肤上沾上机油，应立即用水和肥皂清洗，勿用汽油或溶剂作为清洁品。

（4）眼睛接触到机油，应用水认真反复冲洗，然后尽快去医院治疗。

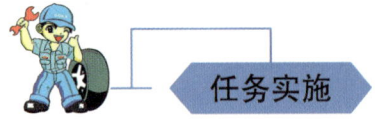

机油的检查与更换

一、实训器材

（1）常见车用机油，如图 5-2-3 所示。

（2）漏斗，如图 5-2-4 所示。

（3）其他工具及器材：CNG 新能源客车一辆、举升机、组合工具、扭力扳手、机油收集容器、机油滤清器专用扳手、转向盘护套、变速杆手柄套、座位套、脚垫、翼子板和前格栅磁力护裙等。

图 5-2-3　机油

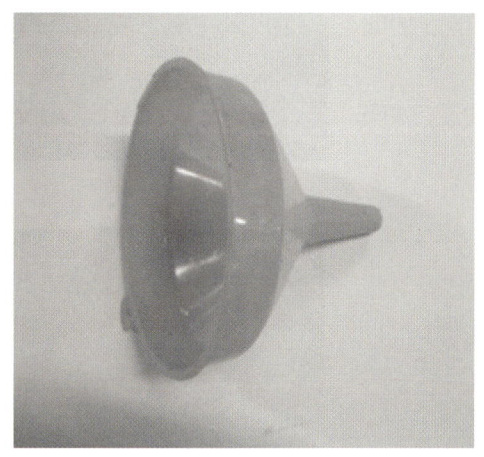

图 5-2-4　漏斗

二、准备工作

（1）车辆进入工位前，将工位清理干净，准备好相关的器材。

（2）将车辆停驻在举升机中央位置。

（3）拉紧驻车制动器操纵杆，并将变速杆置于空挡位置。

（4）套上转向盘护套、变速杆手柄套和座位套，铺设脚垫。

（5）在车内拉动发动机舱盖手柄。

（6）在车外打开并支撑发动机舱盖。

（7）粘贴翼子板和前格栅磁力护裙。

三、机油液面高度的检查

（1）搬开座椅锁定开关，搬开驾驶员侧座椅和乘客座椅，露出发动机总成。

（2）起动发动机，使发动机运转达到工作温度（82~93 ℃）后，关闭发动机，等机油流回油底壳。

（3）5 min 后，拔出机油尺，如图 5-2-5 所示。

（4）使用非绒布料将机油尺上的机油擦干净，然后将机油尺插回原位，如图 5-2-6 所示。

图 5-2-5　拔出机油尺

图 5-2-6　将机油尺上的机油擦干净

（5）再次拔出机油尺，观察机油在机油尺上的位置（见图 5-2-7），同时检查机油的污染情况。

（6）机油应位于机油尺上的"max"刻度线与"min"刻度线标记内（见图 5-2-8）。注意：机油不可超过机油"max"刻度线标记，如超过该标记，可能增加机油消耗率，增加积炭，导致火花塞损坏，并影响发动机的功率；如低于"min"刻度线，可能导致发动机润滑不良，应进一步对发动机进行检查，判断机油过低的原因。

图 5-2-7　观察机油在机油尺上的位置

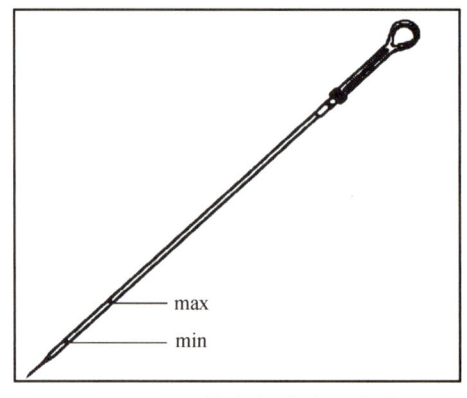

图 5-2-8　检查机油液面高度

四、机油与机油滤清器的更换

（1）适当举升起车辆。

（2）拧下油底壳下的放油螺栓并放掉机油，如图 5-2-9 所示。

图 5-2-9　放掉机油

（3）用专用扳手拆下机油滤清器，如图 5-2-10 所示。

（4）安装机油滤清器前，应在滤清器的密封圈上涂一层新机油，如图 5-2-11 所示。

 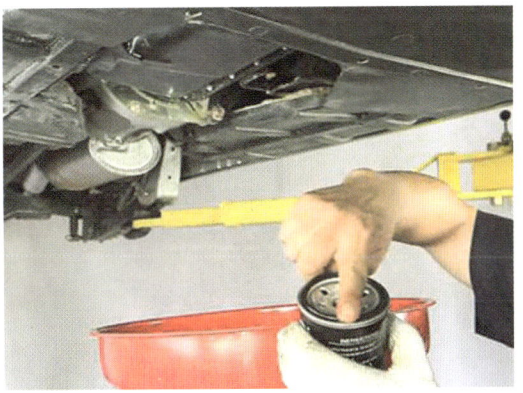

图 5-2-10　拆下机油滤清器　　　　图 5-2-11　在机油滤清器涂一层新机油

（5）用扭力扳手拧紧机油滤清器，机油滤芯拧紧力矩为 20 N·m，如图 5-2-12 所示。

（6）用扭力扳手拧紧机油放油螺栓，拧紧力矩为 35~45 N·m，如图 5-2-13 所示。

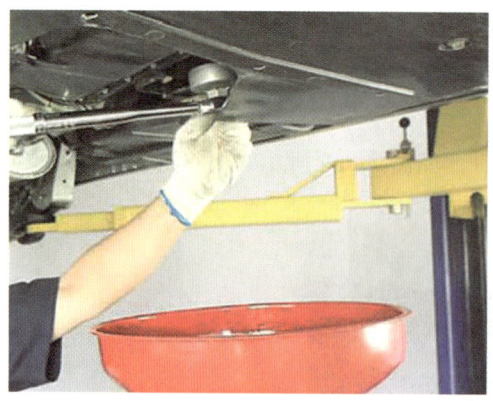
图 5-2-12　拧紧机油滤清器

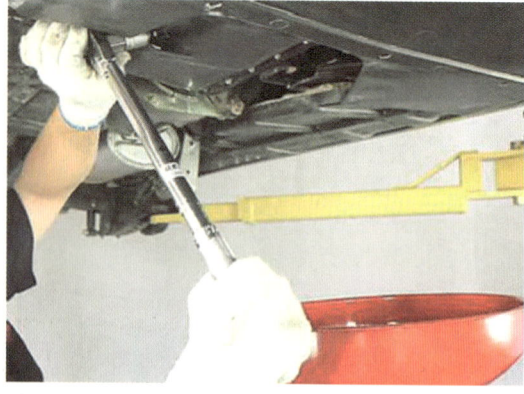
图 5-2-13　拧紧机油放油螺塞

（7）降下车辆，用手拧开机油加注口盖，如图 5-2-14 所示。

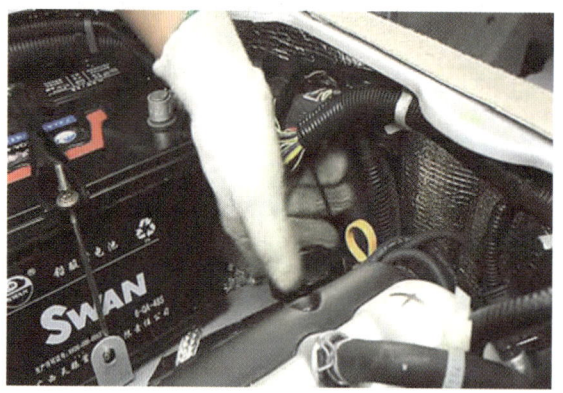
图 5-2-14　拧开机油加注口盖

（8）根据当地的温度，按要求添加推荐级别的机油，用漏斗加注机油，如图 5-2-15 所示。

图 5-2-15　加注机油

（9）加注完毕后，拧紧机油加注口盖。
（10）换机油后，应再次确认机油的油位，并检查是否有泄漏现象。

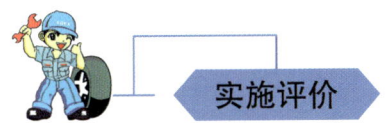

实施评价

机油的检查与更换记录表

车辆型号		学生姓名	
发动机型号		VIN 编号	

机油的检查与更换评分表

考核项目	评分标准	分数	自评	互评	教师评价	小计
团队合作	是否协调	5				
活动参与	是否积极主动	5				
安全生产	有无安全隐患	10				
任务方案	是否正确、合理	15				
操作过程	是否规范、完整	40				
任务完成情况	是否圆满、完成	5				
工具和设备使用	是否规范、标准	10				
劳动纪律	是否严格遵守	5				
工单填写	是否完整、规范	5				
总分		100				

项目六

纯电动客车动力系统构造与维修

任务一　纯电动客车动力系统认知

（1）掌握纯电动客车的概念。
（2）掌握纯电动客车动力系统的组成。
（3）熟悉纯电动客车动力系统的各零部件。

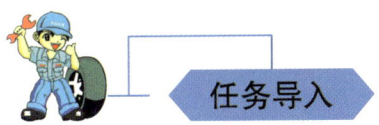

客运公司新引进一批纯电动客车，你所在的维修班组承担了纯电动客车的日常保养工作。作为一名技师，对纯电动客车进行简单认知。

根据国家 GB/T19596—2017 标准定义，纯电动客车是指以车载电源为动力，用电动机驱动车轮行驶，符合道路交通、安全法规各项要求的客车。纯电动汽车不再需要

燃料，它没有发动机和燃油箱，用电动机取代了发动机，用动力电池取代了燃油。其主要动力源为电能，通过电动机等动力装置转化为机械能，从而驱动车轮行驶。

一、纯电动客车的特点

纯电动客车动力系统主要来源于车载可充电蓄电池或其他储能装置，其与传统燃料客车相比，具有如下特点：

（1）动力系统结构简单，省去复杂变速器、缓速器、离合器等机构，控制更加灵活。

（2）实现了无级变速，行驶中无换挡过程，平顺性好。

（3）纯电动客车在驾驶过程中不需要频繁踩离合和换挡，大大减轻了驾驶员的劳动强度。

（4）驱动电机在车辆制动时能够作为发电机回收电能给动力电池，同时实现辅助制动的作用，所以纯电动车可取消缓速器。

（5）纯电驱动，零排放、零污染，环保性好。

（6）模块化设计，减少零部件数量，整车故障率低。

二、纯电动客车的基本组成

纯电动客车的组成有别于传统燃料客车，主要由车载电源、电池管理系统、驱动电动机、控制系统、车身及底盘、安全保护系统等系统组成，如图6-1-1所示。

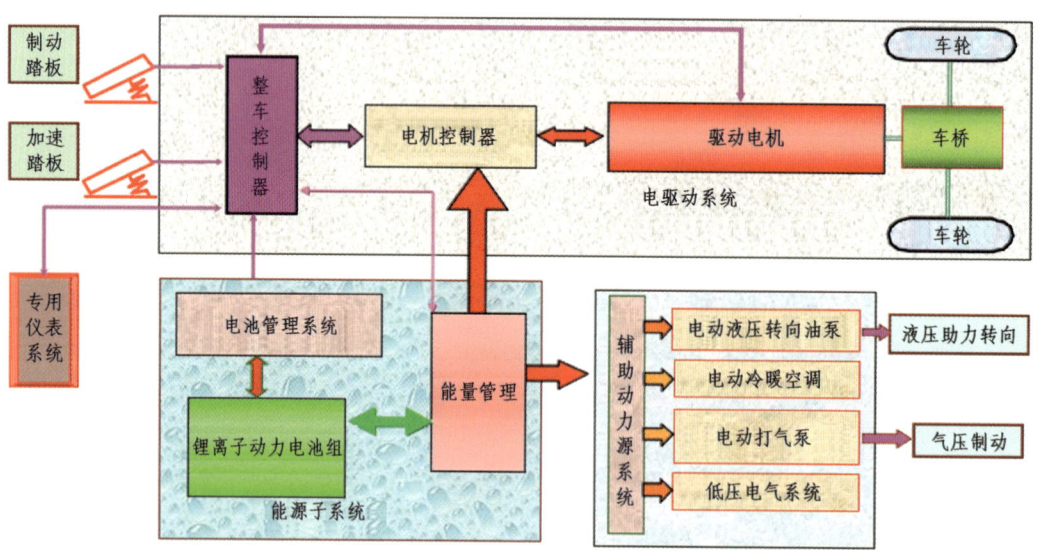

图 6-1-1　纯电动客车的组成

（一）车载电源

车载电源主要由搭载的若干个动力电池组串联而成,用周期性的充电来补充电能，如图 6-1-2 所示。车载电源的工作电压一般为 480～700 V，为纯电动客车的驱动电动机提供电能，将电源的电能转化为机械能。同时，车载电源还为空调系统、动力转向系统、制动系统等提供电能。动力电池组通过 DC/DC 转换器，供应 12 V 或 24 V 低压电，并储存到低压电池组中，作为仪表、照明和信号装置等工作的电源。

图 6-1-2　车载电源

（二）电池管理系统

电池管理系统（BMS）对动力电池组充电与放电时的电流、电压、放电深度、再生制动反馈电流、电池温度等进行控制管理，如图 6-1-3 所示。

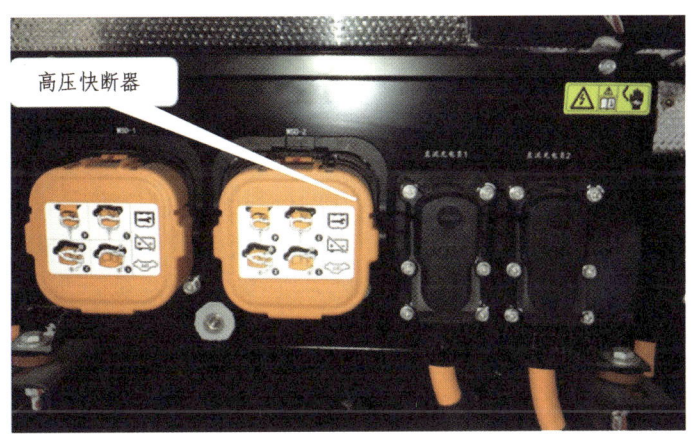

图 6-1-3　电池管理系统

电池管理系统旨在实现对电池的安全管理，有效提高整车的安全性。但对超级电池管理系统进行任何操作必须是在断电情况下进行，接插件绝对不允许在带电状态下进行插拔，对管理系统拆卸与安装中要做到轻拿轻放，并注意操作过程中的高压安全。

（三）驱动电动机

驱动电动机是驱动纯电动客车行驶的唯一动力装置，通过传动轴直接驱动后桥，如图 6-1-4 所示。

图 6-1-4　驱动电机

驱动电机主要有直流电动机、交流电动机、永磁电动机和开关磁阻电动机等类型。目前，纯电动客车广泛采用直流异步式驱动电机。电机工作电压范围比较宽（400～700 V），工作电流较大，高压线的安装就尤为重要。

现代纯电动客车普遍设置有再生制动技术，有效实现再生制动，一般可回收 10%～15%的能量，有利于延长车辆的行驶里程。在制动系统中，还保留常规制动系统和 ABS 制动系统，以保证车辆在紧急制动时有可靠的制动性能。

（四）控制系统

控制系统主要是对动力电池组的管理和对电动机的控制。控制系统采用各种各样的传感器、报警装置和自诊断装置等，对整个动力电池组、功率转换器、驱动电动机系统等进行监控并及时反馈信息和报警。

控制系统将加速踏板、制动踏板机械位移的行程量转换为电信号，输入中央控制器，通过动力控制模块控制驱动电动机运转。计算动力电池组剩余电量和剩余续驶里程。对整车低压系统的电子、电器装置进行控制。

（五）车身及底盘

纯电动客车车身及底盘与传统客车无异，但由于动力电池组质量大，为减轻整车质量，纯电动客车通常采用轻质材料制造车身和底盘部分总成。

动力电池组占据的空间大，在底盘布置上还要有足够的空间存放动力电池组，并且要求线路连接、充电、检查和装卸方便，能够实现动力电池组的整体机械化装卸。

（六）安全保护系统

纯电动客车动力电池组具有高压直流电，为确保驾乘人员和维修人员在驾驶、乘坐和维修时的安全，必须设置安全保护系统。因此必须配备电气装置的故障自检系统和故障报警系统，在电气系统发生故障时自动控制车辆不能起动等，及时防止事故的发生。

三、纯电动客车维修注意事项

（1）对纯电动客车进行车辆检修、维护、保养时，为了安全起见，必须进行以下三个操作方可进行后续作业：

① 关闭钥匙开关，取下钥匙，由作业人员随身保管；

② 关闭低压总开关（一般为翘板开关）；

③ 切断 24 V 电源总开关（一般为红色手柄旋钮）。

（2）若仅对低压电器进行维修作业且不需行车时应把挡位开关打到空挡，然后可按一般车辆检修方法进行；若对机械部分进行维修作业，应在关闭钥匙开关和电源总开关状态下进行。

（3）车辆所有橙色线为高压线束，非专业人士不能对高压线路、高压部件进行切割或打开。

（4）在进行一般维修作业时应严格防止高压线束的绝缘层破损漏电。

（5）维修作业时需要对高压部件进行拆卸时，请与厂家联系或由专业高压电工断开后舱内的高压系统手动快断器，并遵照维修保养规范操作。

（6）在清洗车辆时，请避开高压部件，严禁用水直接冲洗高压部件。

（7）进行任何焊接作业之前，必须断开 24 V 电源和手动快断器，并拔掉 CAN 总线模块、ABS 模块、整车控制器、电机控制器等低压连接线束，否则可能致使电控模块损坏。

参照纯电动客车实物，认识其各组成部分，指出其安装位置，明确其作用。

机构系统	功 用
车载电源	
电池管理系统	
驱动电动机	
控制系统	
车身及底盘	
安全保护系统	

纯电动客车动力系统认知记录表

车辆型号		学生姓名	
驱动电动机型号		VIN 编号	

纯电动客车动力系统认知评分表

考核项目	评分标准	分数	自评	互评	教师评价	小计
团队合作	是否协调	5				
活动参与	是否积极主动	5				
安全生产	有无安全隐患	10				
任务方案	是否正确、合理	15				
操作过程	是否规范、完整	40				
任务完成情况	是否圆满、完成	5				
工具和设备使用	是否规范、标准	10				
劳动纪律	是否严格遵守	5				
工单填写	是否完整、规范	5				
总分		100				

任务二　纯电动客车动力电池组件的更换

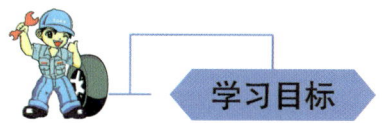

（1）掌握纯电动客车动力电池的作用、类型和特点。
（2）掌握纯电动客车动力电池系统内部的组成部件及部件功能。
（3）掌握纯电动客车动力电池系统的工作原理。
（4）掌握更换纯电动客车动力电池内部组件的操作方法和注意事项。

一辆纯电动客车无法起动，班组长经过各项检测之后，判断为该车动力电池出现了故障，需要对动力电池进行解体，对相关部件进行更换。

一、动力电池的作用、类型和特点

（一）动力电池的作用

动力电池系统作为电动汽车的能量源，它除了为整车提供持续稳定的能量，还承担以下任务：

（1）计算整车的剩余电量和充电提醒。
（2）对电池进行温度、电压、温度的检测。
（3）漏电检测和异常情况报警。
（4）充放电控制和预充电控制。
（5）电池一致性的检测。
（6）系统自检等作用。

（二）动力电池的类型和特点

目前，常用的动力电池主要有：铅酸电池、镍氢电池、镍镉电池、锂离子电池。

铅酸电池成本低，尽管有一定的价格优势，但是由于它太过笨重，充电时间又长，比能量、比功率较低，只被用于车速小于 50 km/h 的各种场地车、高尔夫球车、垃圾车、叉车以及电动自行车上。

镍镉电池是最早应用于手机等设备的电池种类，它具有良好的大电流放电特性、耐过充放电能力强、维护简单、使用寿命长，但由于镍镉电池中含有重金属镉，目前很少被使用。

镍氢电池的主要优点是技术比较成熟，安全性较好，相对寿命较长，但是由于镍金属占其成本的 60%，导致镍氢电池价格居高不下，且能量密度低，主要应用于混动车型。

动力电池经历了铅酸电池、镍镉电池、镍氢电池等多种类型的发展和探索之后，锂离子动力电池由于能量密度高、大功率充放电能力强等优点，已成为电动汽车动力电池的首选。锂离子电池是液态有机电解质，按照正极材料的不同，目前常用的有：三元材料（镍、钴、锰）锂离子电池、钴酸锂、锰酸锂、磷酸铁锂。

二、动力电池系统组成部件和功能

动力电池系统主要由动力电池箱、动力电池模组、BMS 和辅助元器件四部分组成，如图 6-2-1 所示。

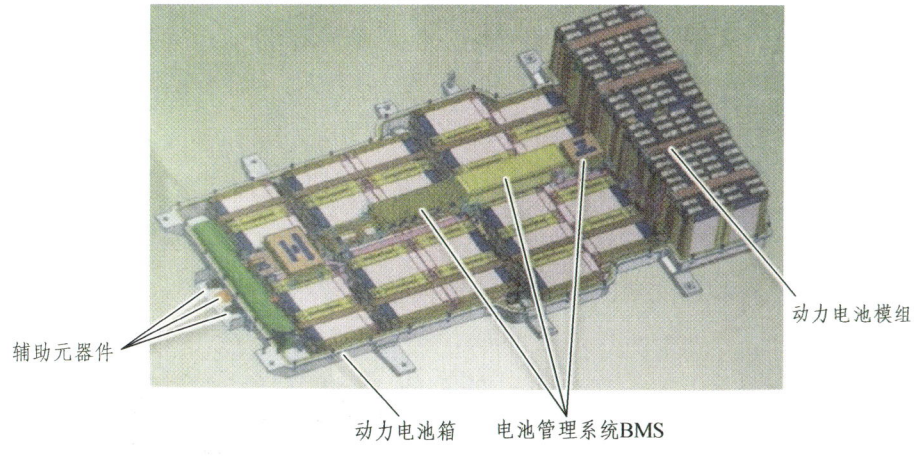

图 6-2-1 动力电池系统

下面以磷酸铁锂动力电池为例介绍其组成部件及功能：

（一）动力电池箱

图 6-2-2 所示为动力电池箱体，动力电池箱体安装在车身底盘下方，有承载及保护动力电池组及电气元件的作用，其材料为铸铝和玻璃钢。在动力电池箱的外部还包含有产品铭牌、动力电池包序号、出货检验标签、物料追溯编码以及高压警告标识。由于汽车的运行环境多变，因此对动力电池箱的散热、防水、绝缘和安全等设计要求很高。

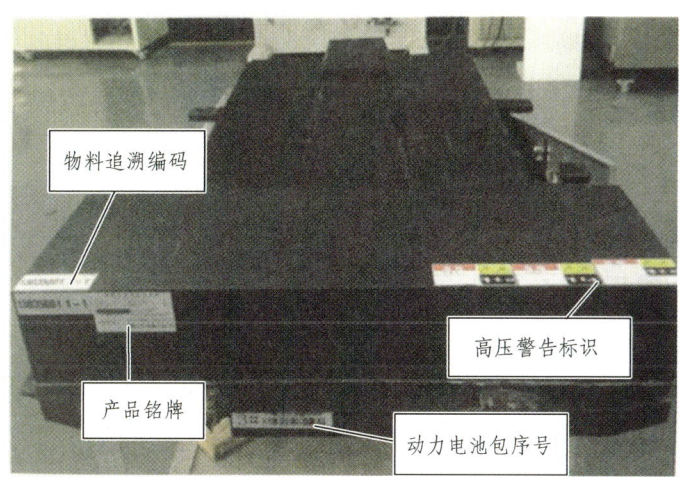

图 6-2-2 动力电池箱体

（二）动力电池模组

动力电池模组是由数百只甚至数千只单体电芯通过串联或并联组合而成的，从而形成能输出高压、大电流的供电源。

（三）辅助元器件

辅助元器件主要由主继电器、预充继电器与预充电阻、加热继电器与加热保险、电流传感器、保险、高低压线缆、高低压插接件等组成。

1. 主继电器

主继电器主要包含主正继电器和主负继电器，作用是控制回路的通断。主正继电器由 BMS 控制，如图 6-2-3 所示。主负继电器由整车控制器控制。

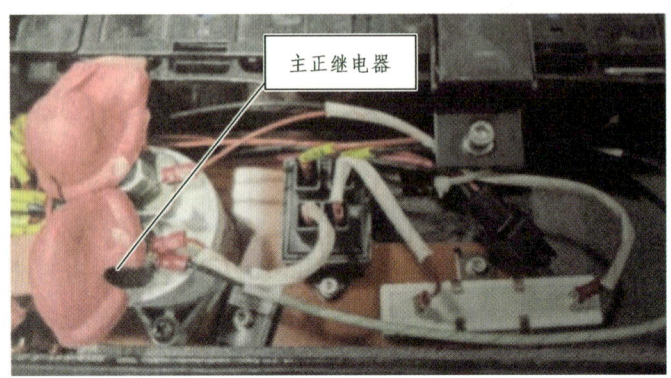

图 6-2-3　主正继电器

2. 预充继电器与预充电阻

图 6-2-4 所示为预充继电器与预充电阻，它们由 BMS 控制其闭合或断开。在充、放电初期需要闭合预充继电器进行预充电，例如充电初期需要给各单体电芯进行预充电，确定单体电芯无短路；放电初期需要低压、小电流给各控制器电容充电，当电容两端电压接近电池总电压时，预充完成后断开预充继电器，闭合总正继电器。

图 6-2-4　预充继电器与预充电阻

3. 加热继电器和加热保险

图 6-2-5 所示为加热继电器和加热保险。磷酸铁锂电池耐高温性能好，而温度会影响电池的充电效果，所以磷酸铁锂电池增设了加热功能。在充电过程中当电芯温度低于设定值，BMS 控制加热继电器闭合通过保险接通加热膜电路。

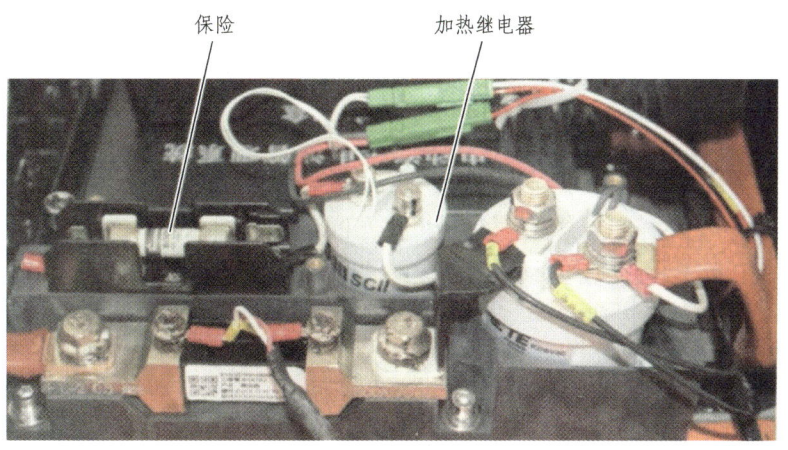

图 6-2-5 加热继电器和加热保险

4. 电流传感器

如图 6-2-6 所示,电流传感器是用来监测充、放电电流的大小,类型为无感分流器,在电阻的两端形成毫伏级的电压信号,用来监测总电流。

图 6-2-6 电流传感器

5. 保　险

图 6-2-7 所示为串联在电池组中间的保险,功能是防止能量回收过电压、过电流或放电过电流,规格为:250 A,500 V。

图 6-2-7 串联在电池组中间的保险

6. 高低压线束

如图 6-2-8 所示，橙色波纹管为高压动力线束，黑色波纹管为低压线束。

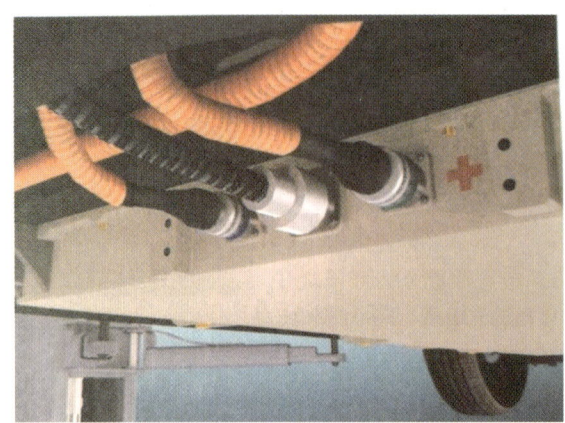

图 6-2-8　高低压线束

7. 电池管理系统（BMS）

BMS 是电池保护和管理的核心部件，相当于人的大脑，不仅要保证电池安全可靠地使用，而且要充分发挥电池的充放电能力和延长使用寿命，BMS 的具体作用如下：

（1）通过电压、电流传感器采集动力电池组的串联模块电压、总电压和总电流，控制动力电池组的充放电，监控动力电池的状态，防止电池出现过充电和过放电，延长动力电池的使用寿命。

（2）作为动力电池和整车控制器以及驾驶员沟通的桥梁，并向整车控制器上报动力电池系统的基本参数、剩余电量及故障信息。

（3）具有高压回路绝缘检测功能，检测电池组与箱体、车体等之间的绝缘状况。

（4）通过对温度检测实现对动力电池过高温和过低温保护，具有控制动力电池的加热功能。

BMS 的硬件主要有：高压盒、从控盒、主控盒，还包括采集电压线、电流、温度等数据的电子器件。

BMS 的软件主要有：监测动力电池的电压、电流、SOC 值、绝缘电阻值、温度值、通过与整车控制器、充电机的通信，来控制动力电池系统的充放电。

三、动力电池系统工作原理

动力电池模组放置在一个密封并且屏蔽的动力电池箱里面，动力电池系统使用可靠的高压插接件与高压控制盒相连，如图 6-2-9 所示，动力电池输出的直流电由电机控制器转变为三相交流高压电，驱动电机工作。

图 6-2-9　动力电池高压插接件与高压控制盒相连

系统内的 BMS 能实时采集各电芯的电压、各温度传感器的温度值、动力电池系统的总电压值和总电流值等数据，可实时监控动力电池的工作状态，并通过低压插接件连接 CAN 总线与整车控制器 VCU 或车载充电机进行通信，对动力电池系统的充放电等进行综合管理，如图 6-2-10 所示。

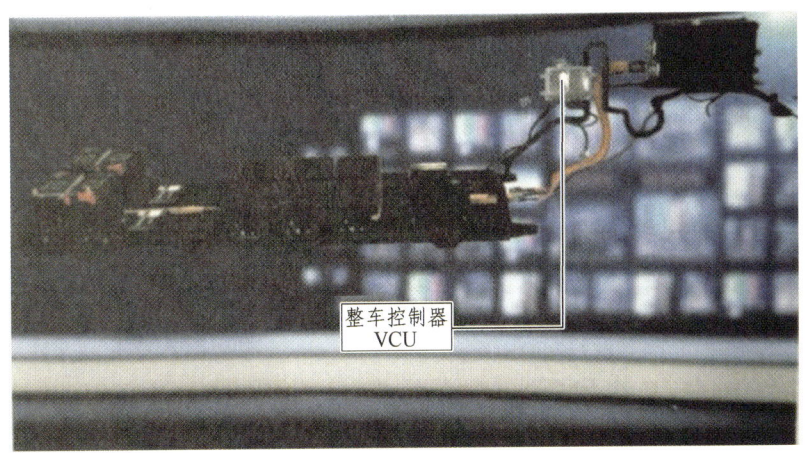

图 6-2-10　动力电池低压插接件与整车控制器 VCU 或车载充电机通信

（一）动力电池内部充电原理

1. 充电之前加热

当充电初期，从控盒监测到每个动力电池组的温度，并反馈给主控盒。主控盒接收来自从控盒反馈的实时温度，并计算出最大值与最小值，当监测到电芯温度低于设定值时，主控盒控制加热继电器闭合，通过加热元件、加热熔断器接通电路，进行加热。

途径路线如下：

慢充时：充电桩→车载充电机→高压插接件加热继电器→加热元件→加热熔断器→高压插接件→车载充电机→充电桩，构成充电回路，进行加热，如图 6-2-11 中绿色箭头所示。

快充时：非车载充电机→高压插接件→加热继电器→加热元件→加热熔断器，构成充电回路，进行加热。

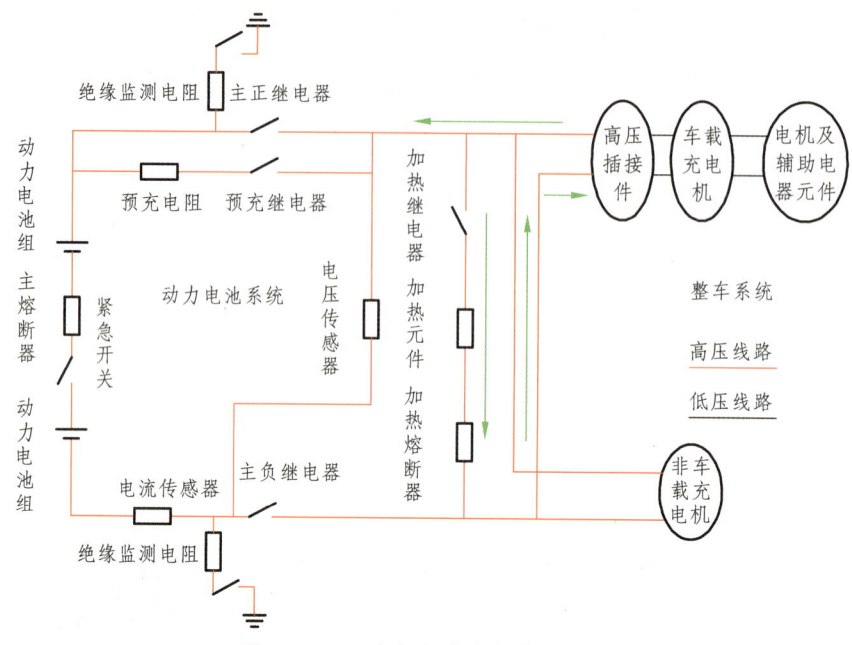

图 6-2-11　动力电池内部充电原理

2. 充电初期预充电

在充电初期，整车控制器唤醒 BMS，BMS 进行自检和初始化，完成后上报给整车控制器。整车控制器控制主负继电器闭合，BMS 控制预充继电器闭合，对各单体电芯进行预充电，确定单体电芯无短路后，BMS 将断开预充继电器，预充完成。

途径路线如下：

慢充时：充电桩→车载充电机→高压插接件预充继电器→预充电阻动力电池组→主熔断器→紧急开关→动力电池组→电流传感器→主负继电器→高压插接件→车载充电机→充电桩，构成回路，进行预充，如图 6-2-12 中的绿色箭头所示。

快充时：非车载充电机→预充继电器→预充电阻→动力电池组→主熔断器→紧急开关→动力电池组→电流传感器→主负继电器→非车载充电机，构成回路，进行预充。

3. 充　电

预充电完成之后，BMS 断开预充继电器，闭合主正继电器，对动力电池组进行充电。

途径路线如下：

慢充时：充电桩→车载充电机→高压插接件→主正继电器→动力电池组→主熔断器→紧急开关→动力电池组→电流传感器→主负继电器→高压插接→车载充电机→充电桩，构成回路，进行慢充，如图 6-2-13 中的紫色箭头所示。

快充时：非车载充电机→主正继电器→动力电池组→主熔断器→紧急开关→动力电池组→电流传感器→主负继电器→非车载充电机，构成回路，进行快充。

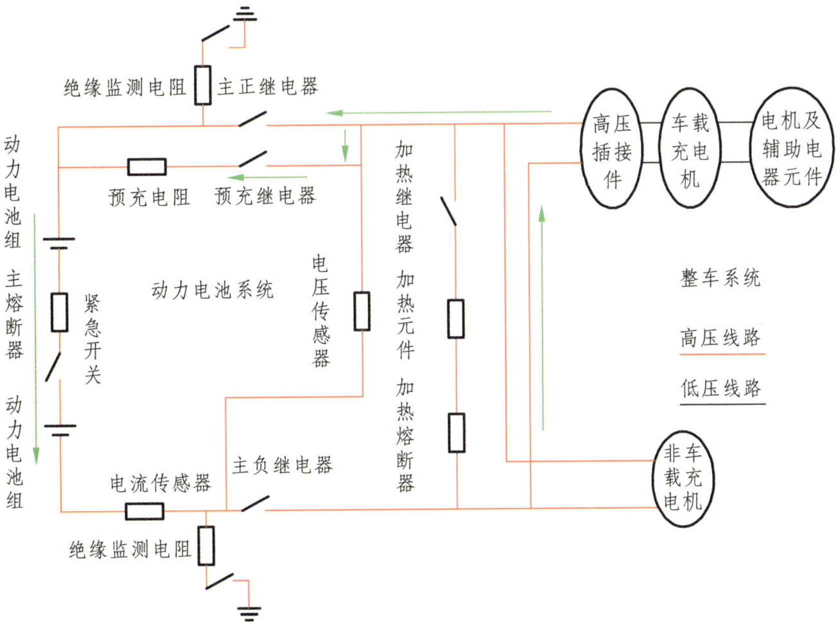

项目六 纯电动客车动力系统构造与维修

图 6-2-12 动力电池预充电

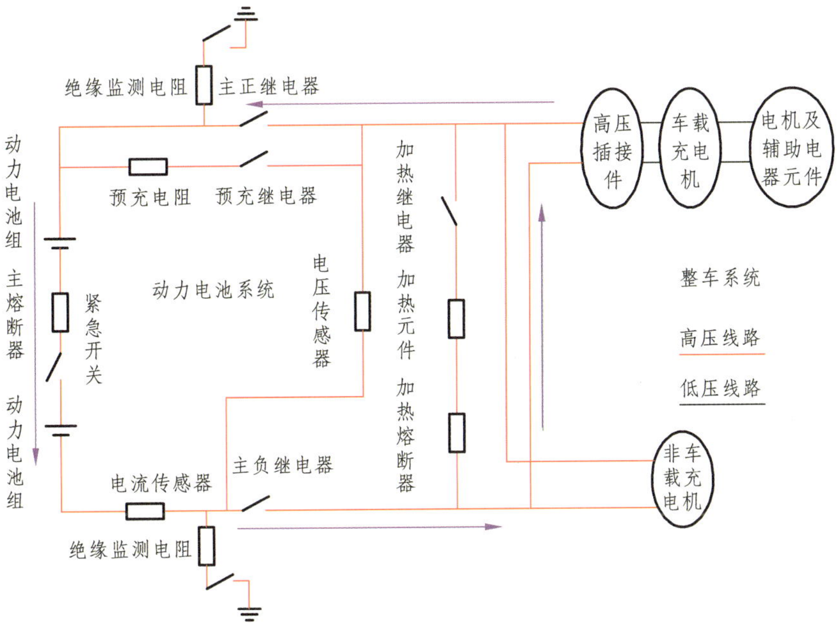

图 6-2-13 动力电池充电

（二）动力电池内部放电原理

1. 放电初期预充

整车控制器唤醒 BMS，BMS 进行自检和初始化，完成后上报给整车控制器。整车控制器发出高压供电指令，BMS 开始按顺序控制继电器的闭合和断开。

173

因电路中电机控制器和空调压缩机控制器等含有电容,在放电模式初期,BMS控制预充继电器进行闭合,用低压、小电流给各控制器电容充电,当电容两端电压接近动力电池总电压时,断开预充继电器。

途径路线如下:

动力电池组正极端:动力电池组→紧急开关→主熔断器→电池组正极→预充电阻→预充继电器→高压插接件→车载充电机→电机及辅助电器元件。

动力电池组负极端:动力电池组负极→电流传感器→主负继电器→高压插接件→车载充电机→电机及辅助电器元件。

构成回路,完成预充。

2. 放 电

预充完成之后,BMS断开预充继电器,并闭合主正继电器,动力电池组进行放电。

途径路线如下:

动力电池组正极端:动力电池组→紧急开关→主熔断器→动力电池组正极→主正继电器→高压插接件→车载充电机→电机及辅助电器元件。

动力电池组负极端:动力电池组负极→电流传感器→主负继电器→高压插接件→车载充电机→电机及辅助电器元件。

构成回路,完成放电。

3. 绝缘监测

动力电池 BMS 具有高压回路绝缘监测功能,监测动力电池组与箱体、车体等之间的绝缘状况,如图 6-2-14 所示。

途径路线如下:

动力电池组正极端→绝缘监测电阻→绝缘监测电阻→绝缘继电器→搭铁。

动力电池组负极端→绝缘监测电阻→绝缘监测电阻→绝缘继电器→搭铁。

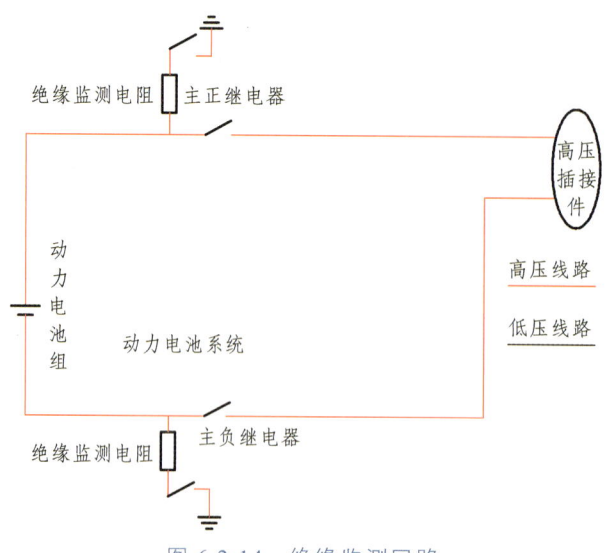

图 6-2-14 绝缘监测回路

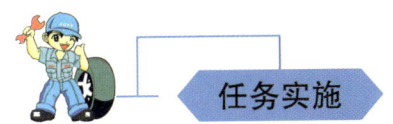

动力电池组件的更换

一、实训准备

（1）纯电动客车一辆。
（2）绝缘防护装备、绝缘拆装工具一套等。

二、更换动力电池最小单体

1. 拆卸动力电池模块

（1）根据动力电池诊断仪器显示的故障电芯采样点，对应电芯位置示意图确定故障电芯及需要拆卸的动力电池模块。

（2）用斜口钳将动力电池模块连接大线端部固定护套的扎带剪断，如图 6-2-15 所示，并置于指定位置内。

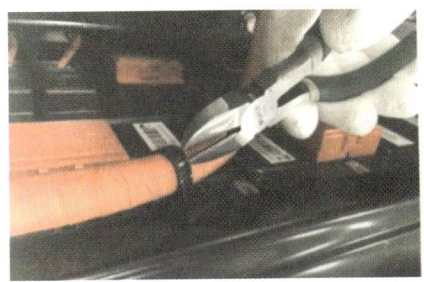

图 6-2-15　剪断护套扎带

利用六角扳手将连接大线外螺栓旋出，并将拆下的螺栓、平垫、弹垫、端部护套等零件置于指定位置，以备安装时使用，如图 6-2-16 所示。

图 6-2-16　拆卸螺栓

最后将拆卸后的大线端部用绝缘胶带进行防护，如图6-2-17所示。

图6-2-17　用绝缘胶带进行防护

（3）拆卸故障电芯所在模块上的采集单元及连接线束并将拆卸后的采集单元、螺栓、紧固辅料等零件置于指定位置。最后用绝缘胶带将线束固定到原理操作区域的位置，以免操作时对线束造成意外伤害。

图6-2-18所示为拆卸动力电池模块压板，图6-2-19所示为利用拆装工具将固定螺栓旋出，并置于指定容器。将动力电池模块移出箱体，置于指定操作位置。

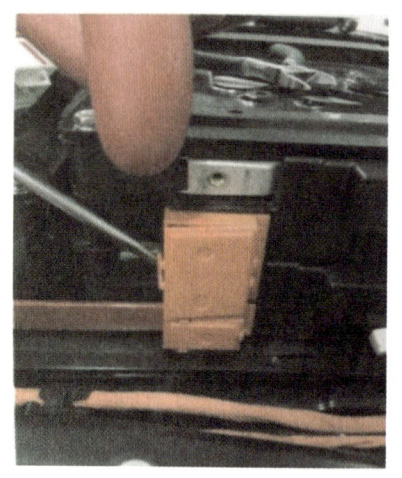 

图6-2-18　拆卸动力电池模块压板　　图6-2-19　利用拆装工具将固定螺栓旋出

2. 拆卸最小动力电池单体

（1）将故障动力电池上盖拆下，然后利用十字螺钉旋具将采样线固定螺栓拆下，并将其置于指定位置，如图6-2-20所示。

（2）利用工具将故障电芯连接排紧固件旋出，拆下连接排，将连接排、平垫、弹垫置于指定位置，如图6-2-21所示。

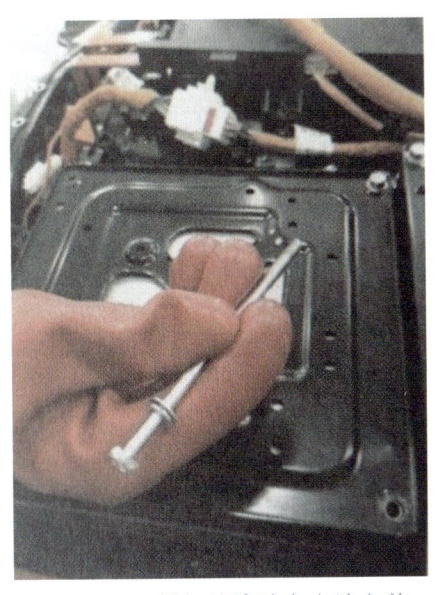

图 6-2-20 拆卸故障动力电池上盖

图 6-2-21 拆卸连接排紧固件

（3）依次将故障电芯的下护套、上护套拆卸，如图 6-2-22 所示。拔出连接片，如图 6-2-23 所示，如果连接片折断在护套安装孔内，需用斜口钳对上下护套安装口进行清洁。

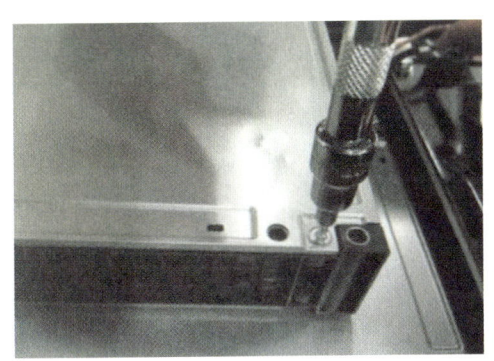

图 6-2-22 拆卸上下护套

图 6-2-23 拔出连接片

（4）标记故障电芯条码、故障现象、更换时间等信息后，将其置于返修容器内，以备返厂维修。

3. 更换最小电池单体

（1）安装电芯上下护套，安装后电芯应与护套贴合紧密，不发生相对移动。注意：如护套有损伤，需更换新护套进行安装。

（2）将更换电芯安装到动力电池模块内，摆放位置要正确。连接片、侧护套等零件如有损坏，需更换新零件再进行安装。

（3）利用连接排连接电芯极柱，极柱表面如有焊点可利用砂纸将焊点打磨平整，确保连接排下表面与极柱上表面贴合紧密。用扭力扳手将法兰螺母或铝螺栓固定到电芯极柱上，法兰螺母拧紧力矩为 5.6 N·m，铝螺栓力矩为 3 N·m。当确定螺栓紧固后，对紧固件加螺纹紧固剂。

（4）将采样线 OT 头利用螺栓紧固到连接排安装孔上，紧固后弹垫压平无翘起现象。对螺栓加防松胶。向指定位置注入导热硅胶，注意不要将安装孔注满，注入 2/3 为宜。之后将温度采样线插入安装孔内。温度采样线下端应与护套平行。最后用热熔胶将线体固定到电芯护套上，注意加热熔胶前确保护套上表面清洁无尘，加热熔胶面积应大于热硅脂面积。

4. 动力电池模块入箱及线束连接

（1）安装动力电池盖，将动力电池模块安装到箱体内，注意：如清理箱体，应确保箱体内保温层无损坏。

（2）安装动力电池模块压板，利用内六角扳手将压板压紧，确保紧固后螺栓弹垫平整无翘起。

（3）安装动力电池采集单元，确保采集单元的安装位置，端口朝向安装要正确，原有绑线扣的位置要重新加装绑线扣。

（4）将暂时固定线束的绝缘胶布拆下，将插线按照标记插入相应的断口中。安装线束要注意插件插入顺序。当线束连接完成后，用扎带将线束固定到绑线口上。注意端口处线束要留有一定余量。

（5）拆下大线端部绝缘防护，将大线铜鼻子固定到模块输出排上，用内六角扳手紧固螺栓，紧固后平垫平整无翘起，检测转矩值为 5.6 N·m 以上。最后安装护套用扎带固定，护套必须完全覆盖连接点。

5. 操作后整理现场

（1）将扎带多余部分剪断，置于指定容器内。

（2）清点工具及辅料，避免遗落在动力电池箱体内。

（3）清理操作后箱体内残留的灰尘及辅料碎屑。

三、更换动力电池 BMS

1. 拆卸故障 BMS 连接线束

（1）将故障 BMS 周围固定线束的扎带剪断，确保插件处线束松弛不受限制，将剪断的扎带放置于指定的容器内避免遗落在动力电池箱体内。

（2）将故障 BMS 端口处插件拔出，如图 6-2-24 所示，注意：拆卸插件时需一只手轻轻按住 BMS 外部铝壳，另一只手按住插件缓缓将其拔出，禁止以提拉线束的方式拔出插件。

（3）将拆卸后线束用绝缘胶带暂时固定在远离故障 BMS 的地方，如图 6-2-25 所示，避免操作过程中对线束造成意外损伤。

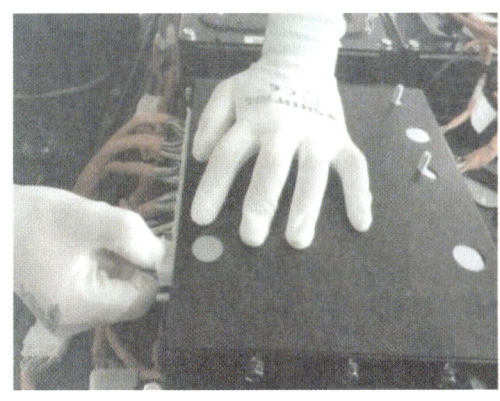 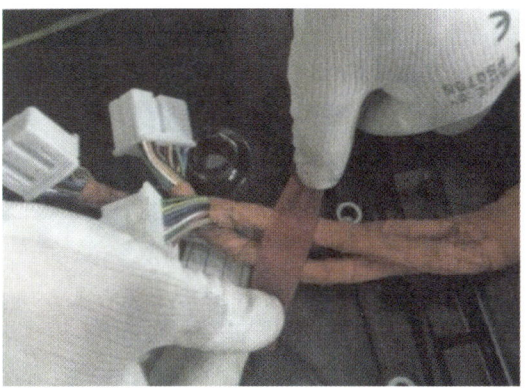

图 6-2-24　拔出 BMS 插件　　　　　图 6-2-25　用绝缘胶带固定线束

2. 更换 BMS

（1）利用套筒将 BMS 固定点螺母旋出，如图 6-2-26 所示，并将拆卸后的螺母、平垫、弹垫和绑线扣等零件置于指定容器内。

（2）将故障 BMS 拆下并置于 BMS 返修的容器内，如图 6-2-27 所示。

（3）将新 BMS 摆放于安装板上，确保与安装板贴合紧密无间隙，插件口朝向正确无误。

 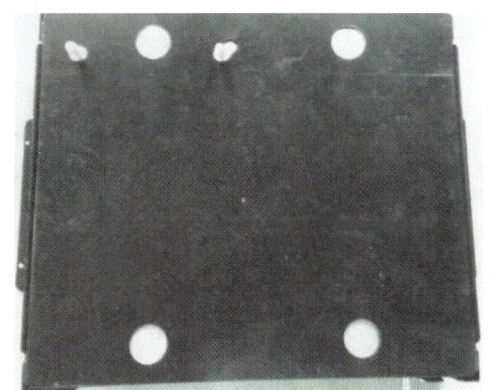

图 6-2-26　旋出 BMS 固定点螺母　　　　　图 6-2-27　拆下的 BMS

手动将螺母旋入安装板铆螺柱上，需加装平垫、弹垫，原有安装绑线扣处重新安装绑线扣，旋入后螺母下表面应与安装板平行。在螺母旋至铆螺柱底部时，利用套筒对螺母进行紧固，紧固完成后应确保螺栓弹垫平整无翘起，螺母下表面与平垫及 BMS 固定孔上表面应贴合紧密无缝隙。

3. 连接 BMS 线束

（1）拆下暂时固定的胶带，置于指定的容器内，避免遗落在动力电池箱内。

（2）按照线束标号将插件插入相应的 BMS 端口内。注意：当插件插接时，应按住插件两侧将插件插入端口插件处。

（3）利用扎带将线束固定到原有绑线扣处，线束固定要牢固。插件处线束要留有一定余量不宜受力过大。固定后将扎带多余部分清除，并置于指定位置避免遗落在动力电池箱体内。

4. 操作后整理现场

（1）清理操作后箱体内残留的灰尘及辅助碎屑。
（2）清点工具及辅料，避免遗落在动力电池箱体内。
（3）记录 BMS 故障相关信息，以备返厂检修。

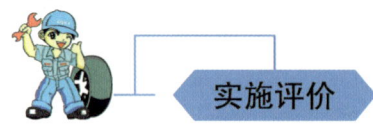

动力电池组件的更换记录表

车辆型号		学生姓名	
驱动电动机型号		VIN 编号	

动力电池组件的更换考评表

考核项目	评分标准	分数	自评	互评	教师评价	小计
团队合作	是否协调	5				
活动参与	是否积极主动	5				
安全生产	有无安全隐患	10				
任务方案	是否正确、合理	15				
操作过程	是否规范、完整	40				
任务完成情况	是否圆满、完成	5				
工具和设备使用	是否规范、标准	10				
劳动纪律	是否严格遵守	5				
工单填写	是否完整、规范	5				
总分		100				

任务三　纯电动客车驱动电机的更换

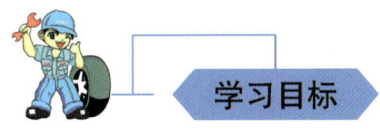

（1）了解驱动电机系统的功能。
（2）了解不同种类电机的特点和性能。
（3）了解驱动电机系统的工作模式。
（4）掌握永磁同步电机和交流异步电机的结构及工作原理。
（5）掌握更换驱动电机的操作方法。

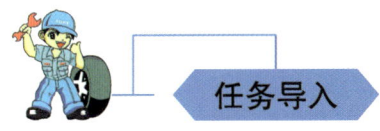

一辆纯电动客车在行驶中发出类似底盘零部件松动的声音，车辆低速滑行过减速带时比较明显，另外在低速时加速和减速时也会频繁出现这种声音。经班组长诊断为驱动电机内部结构磨损严重致使连接松旷，需对驱动电机进行更换。

知识链接

驱动电机是新能源客车行驶的主要执行结构，驱动电机及其控制系统是新能源客车的核心部件（电池、电机、电控）之一，其驱动特性是车辆行驶的主要性能指标。

电机是应用电磁感应原理进行旋转运动的电磁机械，用于实现电能向机械能的转换。运行时从供电系统吸收电功率，向机械系统输出机械功率，同时驱动电机系统还要有能量回收功能。电机驱动系统主要由电机、电机控制器、各种检测传感器以及电源等部分构成。驱动电机的控制系统通过精确地控制使电机达到快速起动、快速响应、高效率、高转矩输出及高过载能力的目的。针对不同类型的电机，控制系统的原理与方式有很大差别。

一、纯电动客车驱动电机的种类及特点

（一）对驱动电机的要求

纯电动客车对驱动电机的要求主要有：

（1）起动转矩大，保证车辆的良好起动和加速性能。

（2）恒功率区宽，保证车辆在不同的速度下都能保持最高的效率。

（3）调速范围大，低速时具有大转矩，高速时具有高功率。

（4）效率高，以85%～95%的效率为佳。

（5）能量回收率高。

（6）尺寸小。

（7）可靠性高等要求。

目前，专用驱动系统主要有三种类型的电机系统：直流电机驱动系统、永磁同步电机驱动系统、交流感应电机驱动系统。三种电机系统的特点对比见表6-3-1。

表6-3-1 三种电机系统的特点对比

电机	直流电机	永磁电机	感应电机
比功率	低	高	中
峰值效率/（%）	85～89	95～97	94～95
负荷效率/（%）	80～87	85～97	90～92
转速范围/（r/min）	4 000～6 000	4 000～10 000	12 000～15 000
可靠性	一般	优秀	好
尺寸	大	小	中
成本	低	中	低
控制难度	低	一般	高

（二）电机的类型及特点

1. 无刷直流电机

电池储存电能，电能是以直流电的方式从电池输出经过转换器传至电机。直流电机按有刷直流电机和无刷直流电机区分，有刷直流电机因维护不方便被无刷直流电机取代，无刷直流电机已成为入门级电动车较普遍使用的一种类型。在技术特性上，无刷直流电机可分为具有直流电机特性的无刷直流电机和具有交流电机特性的无刷直流电机。

由于直流电机转速范围不大，因此在行驶时如果不辅以二级减速器或变速器，车辆的最高时速会比较低，因此这种电机更适合用于小型车或微型车。

2. 异步电机

异步电机可归纳到交流电机范畴。异步电机具备变频调速的能力，其效果相当于装配有无级变速器的车辆在加速时，发动机转速与车速呈线性的对应关系。对于倒车问题，异步电机也可轻易通过自身正反转的切换给予满足，功能上能够满足电动车的技术需求，且其自身结构并不复杂，具有坚固耐用、工作状态稳定、成本易控等特点。

异步电机实现动能回收也更为容易。当车辆滑行制动时，车轮反拖电机转动，在这个工况下，电机可进行发电并将电能回收到电池中，以此延长车辆的续航里程。

3. 永磁同步电机

永磁同步电机的结构与上面提到的直流电机相似，也具有结构简单、运行可靠、功率密度大、调速性能好等特点，同时由于永磁同步电机采用的驱动方式不同于直流电机，所以在噪声以及精度控制环节，永磁同步电机更胜一筹。永磁同步电机的体积也更小，布置更为灵活，更轻的自重对减轻整车质量也有所贡献。

二、驱动电机系统的工作模式

驱动电机系统由电动机、电机控制器构成，通过高低压线束、冷却管路与整车其他系统连接，其结构如图 6-3-1 所示。

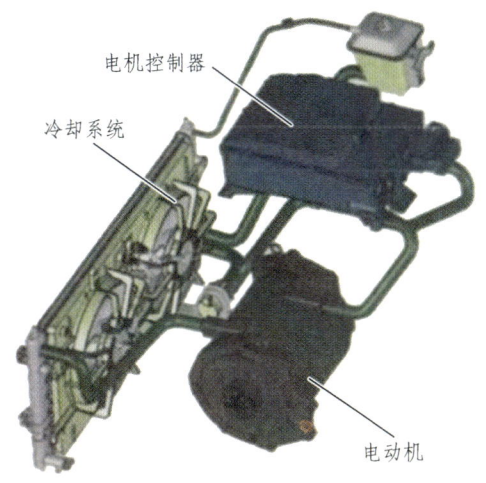

图 6-3-1　驱动电机系统结构

整车控制器根据加速踏板、制动踏板、挡位等信号通过 CAN 总线网络向电机控制器发送指令，实时调节驱动电机的转矩输出，以实现整车的怠速、加速、停车、能量回收等功能。电机控制器能对自身温度、电机的运行温度、转子位置进行实时监测，并把相关信息传递给整车控制器，进而调节水泵和冷却电子风扇工作，以保证电机在理想状态下工作。

现在电动车辆的行驶模式有 D 挡位加速行车、减速制动，R 挡位倒车，E 挡位能量回收等工况。下面以某电动车型为例介绍驱动电机系统在不同的行驶模式下不同的工作状态。

（一）D 挡位加速行车

驾驶员挂 D 挡位并踩加速踏板，此时挡位信息和加速信息通过信号线传递给整车控制器，整车控制器把驾驶员的操作意图通过 CAN 总线网络传递给电机控制器，再由电机的控制器结合旋变传感器信息（转子位置），进而向永磁同步电机的定子通入三相交流电，三相电流在定子绕组的电阻上产生电压。由三相交流电产生的旋转电枢磁动势及建立的电枢磁场，一方面切割定子绕组，并在定子绕组中产生感应电动势；另一方面以电磁力拖动转子以同步转速正向旋转。随着加速踏板行程不断加大，电机控制器控制 IGBT 导通频率上升，电机的转矩随着电流的增加而增加。随着电机转速的增加，电机的功率也增加，同时电压也随之增加。在电动汽车上，一般要求电机的输出功率保持恒功率，即电机的输出功率不随转速增加而变化，这就要求在电机转速增加时，电压保持恒定。与此同时，电机控制器也会通过电流传感器和电压传感器，感知电机当前功率、消耗的电流电压大小，并把这些信息数据通过 CAN 总线网络传送给仪表显示。

（二）R 挡位加速行车

当驾驶员挂 R 挡位时，驾驶员请求信号发给整车控制器，再通过 CAN 总线网络发送给电动机控制器，此时电动机控制器结合当前旋变传感器（转子位置）信息，通过改变 ICBT 模块改变 $W/V/U$ 通电顺序，进而控制电机反转。

（三）制动时能量回收

在驾驶员松开加速踏板时，电机在惯性的作用下仍在旋转，设车轮转速为 v_1、电机转速为 v_d，车轮与电机固定传动比为 k。当车辆减速时，$kv_1 < v_d$ 时，电机仍是动力源，随着电机转速下降，当 $kv_1 > v_d$ 时，此时电机相当于被车辆带动而旋转，此时电动机变为发电机。

BMS 可以根据电池充电特性曲线（充电电流、电压变化曲线与电池容量的关系）和采集电池温度等参数计算出相应的最大允许充电电流。电动机控制器通过控制 IGBT 模块使"发电机"定子线圈旋转越场角速度与电机转子角速度保持发电电流不超过最大允许充电电流,从而调整发电机向动力电池充电的电流,同时这也控制了车辆的减速度。

当踩下制动踏板时,该过程电动机控制器输出的电流频率会急剧下降,馈能电流在电动机控制器的调节下充入高压电池,当 IGBT 全部关闭时在当前的反拖速度和模式下为最大馈能状态,此时电动机控制器对"发电机"没有实施速度和电流的调整,"发电机"所发的电量全部转移给蓄电池,由于发电机负载较大,此时车辆减速也较快。

(四) E 挡位行驶时

E 挡位为能量回收挡,在车辆正常行驶时 E 挡位与 D 挡位的根本区别在于发动机控制器和整车控制器内部程序、控制策略不同。在加速行驶时 E 挡位相对于 D 挡位来说提速较为平缓,蓄电池放电电流也较为平缓,目的是尽量节省电量以延长行驶距离,而 D 挡位提速较为灵敏,响应较快。E 挡位更注重能量回收。当松开加速踏板时,驱动电机被车轮反拖发电时所需的"机械能"牵制了车辆的滑行,从而起到了一定的降速、制动的效果,所以 E 挡位此时的滑行距离比 D 挡位短。

三、永磁同步电机

1. 永磁同步电机的分类

永磁同步电机可分为交流永磁同步电机(PMSM)、直流无刷永磁电机(BLDCM)和新型永磁电机[混合式永磁电机(HSM)、续流增磁永磁电机]三大类,目前电动汽车主要采用的是前两类。

永磁同步电机转子磁路结构不同,则电机的运行特性、控制系统等也不同。根据永磁体在转子上位置的不同,永磁同步电机主要可分为凸装式和内置式。在表面式永磁同步电机中,永磁体通常呈瓦片形,并位于转子铁芯的外表面上(见图 6-3-2),这种电机的主要特点是直、交轴的主电感相等;而内置式永磁同步电机的永磁体位于转子内部(见图 6-3-3)。永磁体外表面与定子铁芯内圆之间有由铁磁物质制成的极靴,用以保护永磁体。这种永磁电机的主要特点是直、交轴的主电感不相等。因此,这两种电机的性能有所不同。

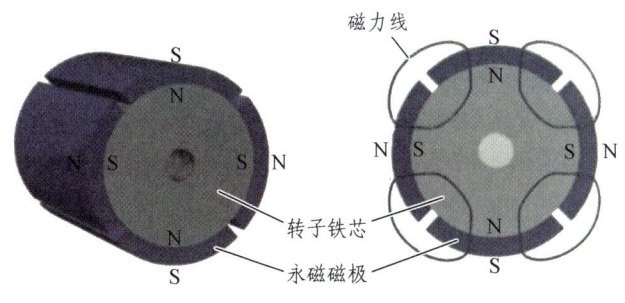

图 6-3-2 凸装式永磁转子

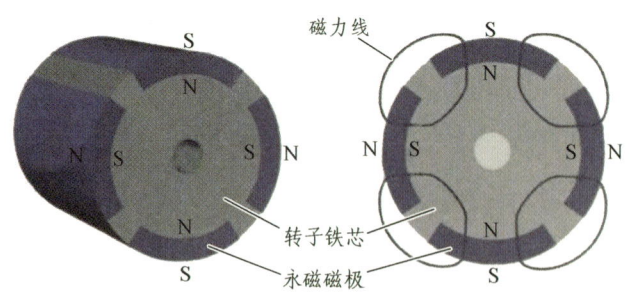

图 6-3-3　嵌入式永磁转子铁芯

2. 永磁同步电机的结构

交流永磁同步电机主要由定子（铝合金）、转子（永磁）、前后端盖和旋变传感器组成。永磁同步电机分解如图 6-3-4 所示。

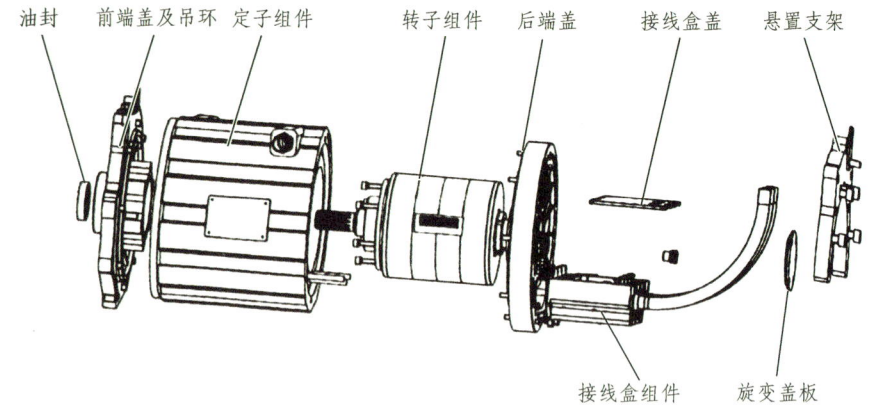

图 6-3-4　永磁同步电机分解

永磁同步电机转子实物如图 6-3-5 所示。

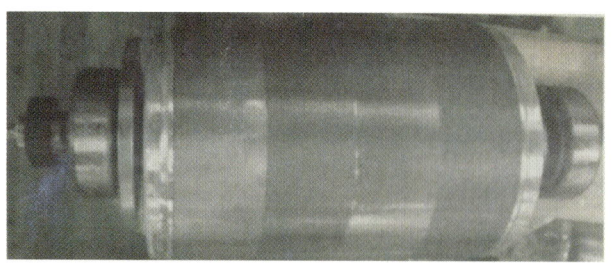

图 6-3-5　永磁同步电机转子实物

3. 永磁同步电机的机械特性

永磁同步电机的机械特性曲线如图 6-3-6 所示。根据特性曲线可以看出，永磁同步电机在低转速时转矩最大，随着转速的升高转矩逐渐降低。在低转速时功率随转速增加，在高转速时保持恒定的功率。

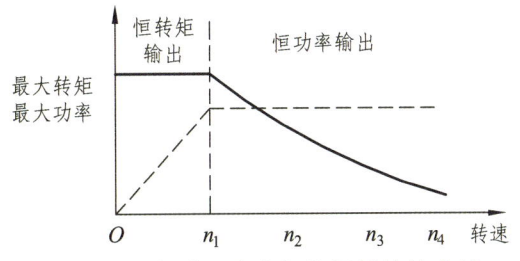

图 6-3-6　永磁同步电机的机械特性曲线

四、交流异步电机

在纯电动客车中,三相笼型交流异步电机应用较为广泛,它具有结构简单、造价低、结构坚固,维护容易的特点。

1. 交流异步电机的结构

交流异步电机由定子和转子这两大基本部分组成,在定子和转子之间有一定的气隙。此外,还有端盖、轴承、接线盒和风扇等其他附件。典型三相笼型交流异步电机结构如图 6-3-7 所示。

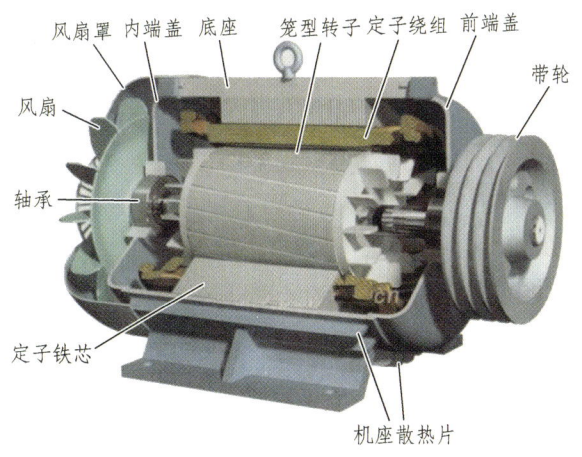

图 6-3-7　典型三相笼型交流异步电机结构

定子是用来产生旋转磁场的,在工作时是静止不动的。三相异步电机的定子一般由外壳、定子铁芯、定子绕组等部分组成。转子是电机的旋转部分,切割定子旋转磁场产生感应电动势及电流,并形成电磁转矩面使电机旋转。转子由转子铁心和转子绕组组成。转子绕组是自成闭路的短路线圈。转子绕组不需外接电源供电,其电流是由电磁感应作用产生的。交流异步电机可分为笼型异步电机和绕线式异步电机。三相笼型交流异步电机由于构造简单、价格便宜、运行安全可靠、使用方便,因而成为使用最为广泛的一种电机。

2. 交流异步电机的工作原理

在三相异步电机中,定子三相对称绕组中通入三相对称电流,交流电流变化一个周期，合成磁场在空间也旋转了一周。电流持续变化，磁场也不断地旋转，从而在电机中产生了旋转磁场。旋转磁场在气隙中以同步转速 n 旋转。根据电磁感应定律，转子导体受到旋转磁场的磁力线切割，就会在导体中产生感应电动势。在感应电动势的作用下，在导体中产生了感应电流。根据电磁力定律，当在磁场中与磁力线垂直方向上存在载流导体时，将受到电磁力的作用，电磁力将产生与旋转磁场方向相同的电磁转矩，转子在电磁转矩的作用下，以转速 n 克服阻力转动起来，转动方向与旋转磁场的旋转方向相同。

3. 交流异步电机的特性

交流异步电机成本低而且可靠性高，逆变器即因损坏而发生短路时也不会产生反电动势，所以不会出现紧急制动的可能性。因此，广泛应用于大型高速的电动汽车中。三相笼型交流异步电机的功率容量覆盖面很广，从零点几瓦到几千瓦。它可以采用空气冷却或液体冷却方式冷却，冷却的自由度高，对环境的适应性强，并且能够实现再生制动。与同样功率的直流电机相比较，效率较高，质量约要轻 1/2。在一般情况下，作为电动汽车专用的电机，由于安装条件是受限制的，而且要求小型轻量化，因而电机在 10 000 r/min 以上的高速运转时，大多采用一级齿轮减速器实现减速。

五、电机控制器结构及功能

电机控制器就是控制主牵引电源与电机之间能量传输的装置，由外界控制信号接口电路、电机控制电路和驱动电路组成。

（一）电机控制器主要功能

电机控制器主要功能包括车辆的怠速控制（爬行），控制电机正转（前进），控制电机反转（倒车），能量回收（交流转换直流）驻坡（防溜车）。电机控制器的另个重要功能是通信和保护，实时进行状态和故障检测，保护驱动电机系统和故障反馈。电机控制器的核心元件如图 6-3-8 所示。

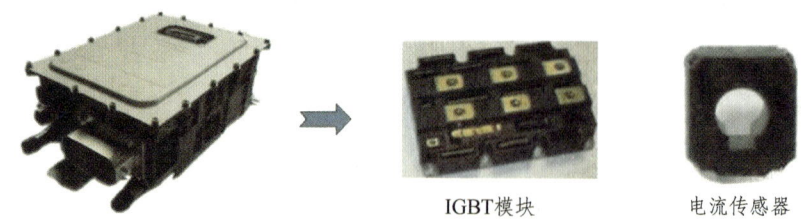

图 6-3-8　电机控制器的核心元件

电机控制器用来提供驱动电机系统工作信息的传感器如下：

1. 电流传感器

电流传感器用以检测电机工作的实际电流（包括母线电流、三相交流电流）。

2. 电压传感器

电压传感器用以检测供给电机控制器工作的实际电压（包括动力电池电压、12 V 蓄电池电压）。

3. 温度传感器

温度传感器用以检测电机控制系统的工作温度（包括 IGBT 模块温度、电机控制器板载温度）。

（二）电机控制器结构

电机控制器结构主要由接口电路、控制主板、IGBT 模块（驱动）、超级电容、放电电阻、电流感应器和壳体水道等组成，结构如图 6-3-9 所示。

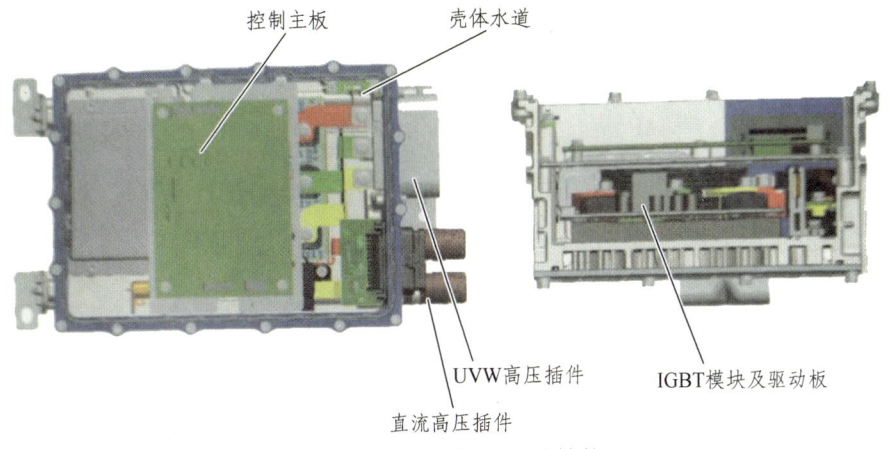

图 6-3-9 电机控制器的结构

将电机控制器的外端盖打开可以看到内部的电气元件，图 6-3-10 所示为电机控制器内部的三相输出和直流高低压输入母线。

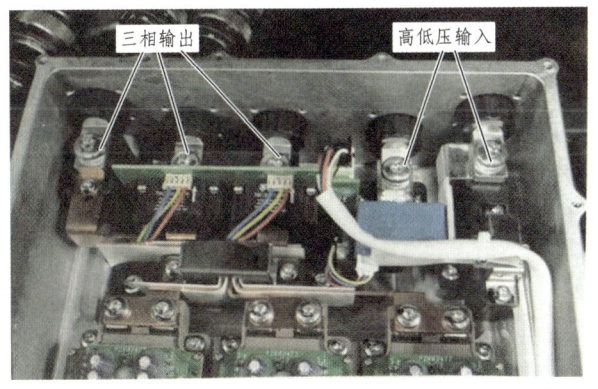

图 6-3-10 电机控制器内部的三相输出和直流高低压输入母线

电机控制器内部的超级电容、控制主板和接口电路如图 6-3-11 所示。控制主板的功能有与整车控制器通信，监测直流母线电流，控制 IGBT 模块，监控高压线束连接情况，反馈 IGBT 模块温度，旋变传感器励磁供电，旋变信号分析等。

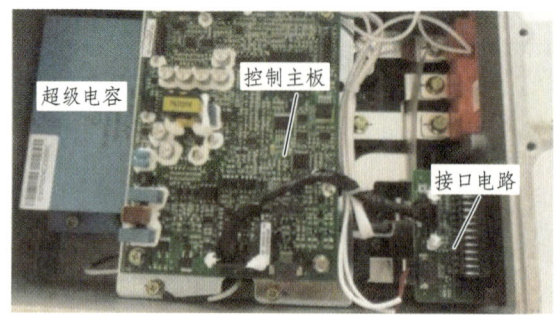

图 6-3-11　电机控制器内部的超级电容、控制主板和接口电路

电机控制器内部的 IGBT 模块和电流感应器如图 6-3-12 所示。IGBT 模块具有监测直流母线电压，将直流电转换交流电及变频，监测相电流的大小，监测 IGBT 模块温度，将交流电整流为直流电等功能。

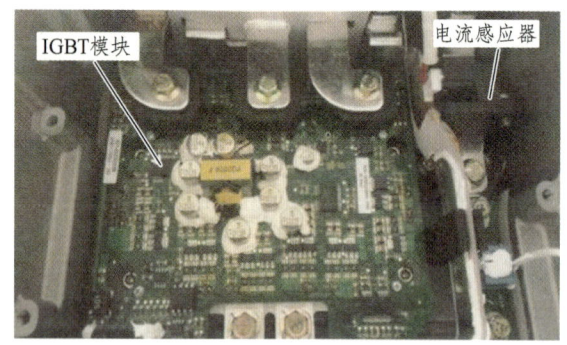

图 6-3-12　电机控制器内部的 IGBT 模块和电流感应器

电机控制器内部的电容与直流母线的连接和放电电阻如图 6-3-13 所示。超级电容接通高压电路时给电容充电，在电机起动时保持电压的稳定。放电电阻的作用是断开高压电路时，通过电阻给电容放电。当放电电路发生故障，会因放电超时导致高压断电故障。

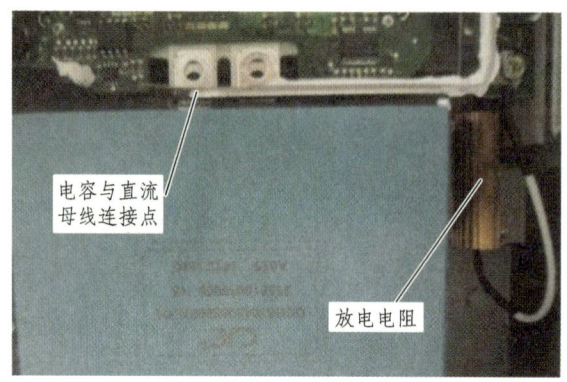

图 6-3-13　电机控制器内部的电容与直流母线的连接和放电电阻

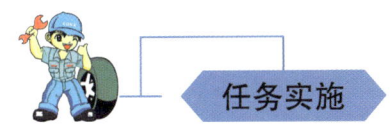

驱动电机的更换

一、实训准备

（1）纯电动客车一辆。
（2）绝缘防护装备、绝缘拆装工具一套等。

二、驱动电机的拆装更换

1. 拆卸驱动电机步骤

参考图 6-3-14 进行驱动电机的拆装。

（1）将点火钥匙置于 OFF 挡并关闭所有用电器，将钥匙拔下并要善保管。
（2）断开蓄电池低压负极电缆。
（3）拧开散热器盖。
（4）将车辆举升。
（5）拆下发动机舱挡板。
（6）在下方排放冷却液，并断开电机上的进出水管路。
（7）拔下驱动电机上的低压线束。

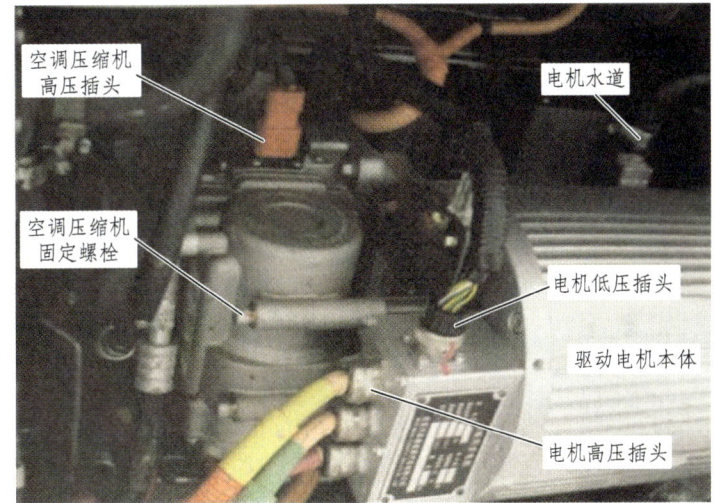

图 6-3-14 电机及其相关器件的安装位置

（8）用专用工具拆下电机控制器的高压插头。
（9）拆卸车轮。
（10）拔下空调压缩机上的高低压插件，在电机上拆下空调压缩机的固定螺栓，将空调压缩机移动到远离电机的位置并固定。
（11）拆卸制动钳总成并固定。
（12）使用专用工具将驱动轴从制动盘中拔出。
（13）用撬棍将驱动轴从变速器中撬出，拔出左右两个驱动轴。
（14）拆卸固定驱动电机的悬架螺栓。
（15）从车辆下方拆下驱动电机和减速器总成。

安装步骤与拆卸步骤相反。

2. 电机总成安装完成后的检查

如图 6-3-14 所示，当电机总成安装完成后，需进行如下检查：

（1）水路系统安装正确性，是否有滴、漏水等异常情况。

（2）各机械部件安装是否牢固。

（3）各线缆所连接电源的极性是否正确。

（4）各电气插接器连接是否到位，相应的插口或锁紧螺钉是否卡紧或拧紧。

（5）各高、低压部件的绝缘性是否良好。

驱动电机的更换记录表

车辆型号		学生姓名	
驱动电动机型号		VIN 编号	

驱动电机的更换评分表

考核项目	评分标准	分数	自评	互评	教师评价	小计
团队合作	是否协调	5				
活动参与	是否积极主动	5				
安全生产	有无安全隐患	10				
任务方案	是否正确、合理	15				
操作过程	是否规范、完整	40				
任务完成情况	是否圆满、完成	5				
工具和设备使用	是否规范、标准	10				
劳动纪律	是否严格遵守	5				
工单填写	是否完整、规范	5				
总分		100				

参考文献

[1] 蔡兴旺. 新能源汽车结构与维修[M]. 北京：机械工业出版社，2015.

[2] 李伟. 新能源汽车构造原理与故障检修[M]. 北京：化学工业出版社，2016.

[3] 孔水清，杨正俊. 汽车发动机构造与维修[M]. 上海：同济大学出版社，2017.

[4] 猴庆伟. 新能源汽车原理与检修[M]. 北京：机械工业出版社，2017.

[5] 陈社会. 新能源汽车结构与检修[M]. 北京：人民交通出版社，2017.

[6] 闭柳蓉，甘光武，黄良昌. 新能源汽车构造与维修[M]. 北京：电子工业出版社，2013.

[7] 李彦. 汽车构造与维修[M]. 北京：化学工业出版社，2010.

[8] 郑劲，张子成. 汽车发动机构造与维修[M]. 北京：化学工业出版社，2010.